やってみよう！

小学校はじめての オンライン授業

樋口万太郎・堀田龍也 編著

学陽書房

「つながりあえる場」をつくるオンライン授業

　いま、急激に学校でのオンライン授業について、各校での模索が始まっています。どうしたらいいのかと悩む人も多いことと思います。本書は、オンライン授業を試行錯誤しながらも必死に取り組んでいる現場の先生たちから生まれた本です。

　私は今年 4 月 8 日、子どもたちとはじめてメッセージのやりとりに基づくオンライン授業をしました。

　授業開始前は、久しぶりに子どもたちと授業を行えるというワクワク感でいっぱいでした。しかし、「文字」だけの双方向の授業では、子どもたちの反応や様子がわかりません。それでも授業後、子どもたちの振り返りを読んでいると、「とても楽しかった」「教室にいるような感じだった」とプラスな意見が多数を占めました。

　そこから試行錯誤の日々があり、4 月下旬、はじめて Zoom で子どもたちの顔や声が見えるかたちでつながったときは、嬉しさに思わず泣きそうになりました。子どもたちの喜びも強く、つながることの意味をさらに強く感じました。

　いま子どもたちはつながりあうことを求めています。本書では、はじめてオンライン授業を行う先生のために、参考になる実践事例を集めました。私が参考にした実践事例を行っていた先生方に、2 章のご執筆をお願いしました。どの先生方も日々試行錯誤されています。

　これからオンライン授業を始めようとする方々、これからの新たな授業を考える方々の一助になれば幸いです。

　2020 年 5 月

京都教育大学附属桃山小学校

樋口万太郎

オンライン授業、いつやるの？　いまでしょ

　新型コロナウイルス感染症の拡大により、学校の休業が長引いていて、多くの保護者が、オンライン授業に期待を寄せています。

　しかし、なかなかオンライン授業に踏み出せない学校もあります。なぜでしょうか。

　ICT環境が整っていない家庭の子どもたちがかわいそうだ、先生がオンライン授業をやったことがない、負担が大きいから、そのうち学校が再開されるからいまはなんとかプリント教材でつなぐことにしよう。そんなところでしょうか。

　いまは総理大臣が緊急事態宣言を出すような状況です。このようなことはあまり経験がないはずです。子どもたちにとってはじめての出来事で、不安をたくさん抱えていることでしょう。そんな子どもたちのそばにいる保護者は、学校に期待しているはずです。マスメディアも、なぜオンライン授業が進まないのかという観点で報道し始めています。

　できない理由を並べるのではなく、いまはまず挑戦してみませんか。**日頃からスマートフォンを使っている先生なら、オンライン授業はできないことではありません。やってみると案外楽しいものです。何より、子どもたちの笑顔を見ることができるのですから。**

　この本は、そうやってオンライン授業に取り組み始めた先達の取り急ぎの実践を集めた「オンライン授業のはじめの一歩」を記した本です。2週間でこれらの原稿を書いてくれた執筆陣と、それを見事に整理してくれた学陽書房の山本聡子さんに心より感謝申し上げます。

　2020年5月

東北大学大学院情報科学研究科教授

堀田龍也

やってみよう！　小学校はじめてのオンライン授業　目次

第1章　いまこそオンライン授業を はじめるときだ！　堀田龍也

第2章　やってみよう！　オンライン授業と オンラインの子どもとの場づくり

タイプ2　子どもと楽しむことを共有する

タイプ3　既存のコンテンツを使った課題を出す

タイプ4　メッセージをやりとりする

タイプ5　ビデオ会議ツールによる双方向の授業

巻末座談会

オンライン授業の環境を
つくっていくには
　堀田龍也・樋口万太郎・鈴谷大輔

○本書で使用している主なツールについて

●学校の教育活動支援ツール

Google Classroom (G suite for Education に含まれる)

▶ https://edu.google.com/intl/ja/products/classroom/?modal_
active=none

Microsoft Teams (Microsoft365 Education に含まれる)

▶ https://www.microsoft.com/ja-jp/microsoft-365/microsoft-teams/
group-chat-software

●授業支援ツール

ロイロノート・スクール

▶ https://n.loilo.tv/ja/

●ビデオ会議ツール

Zoom

▶ https://zoom.us/jp-jp/meetings.html

●アンケート作成ツール

Microsoft Forms (Microsoft365 Education に含まれる)

▶ https://forms.office.com/

●スライド・プレゼン資料作成・共同編集ツール

Power Point (Microsoft365 Education に含まれる)

▶ https://www.microsoft.com/ja-jp/microsoft-365

Keynote

▶ https://www.apple.com/jp/keynote/

●録音・録画・共同編集ツール

Microsoft flipgrid (Microsoft365 Education に含まれる)

▶ https://info.flipgrid.com/

●動画の共有・共同編集ツール

vimeo

▶ https://vimeo.com/jp/

第1章

いまこそ
オンライン授業を
はじめるときだ！

堀田龍也

学校休業中でも子どもの学びを保障したい

●子どもたちはつながりたがっている

　新型コロナウイルス感染症の大流行という非常事態を迎えました。この事態を誰が予想できたでしょうか。

　2020年3月2日から、多くの学校は臨時休業となりました。4月には新型コロナウイルス感染症はさらに広がり、4月7日には、地域を限定した上での緊急事態宣言が発出されました。4月16日には、地域限定が外され、全国を対象とすることになり、これに伴い多くの学校の休業が延長されました。まさに長期化の様相を呈しています。

　学校の休業がこれだけ長引くと、さすがに子どもも保護者も不安が募ります。保護者の多くは、学力保障を心配しています。ニュースでも学校の休業が連日取り上げられるようになりました。文部科学省や教育委員会など、行政の責任を追及する動きもあります。

　でも子どもたちにとっては、もっと深刻です。卒業式も修了式もできなかった学校があります。新年度になったのに入学式も始業式もできなかった学校もあります。担任の先生や同じクラスにはどんな友だちがいるのかなどについて、よく知るチャンスが得られない子どももいます。きっと不安でしょう。帰属意識に大きな課題が生じています。

　そう、子どもたちはつながりたがっているのです。オンライン授業を行う最大の理由はここにあります。

● 文部科学省もオンライン授業を推奨している

緊急事態宣言発出後の4月10日、文部科学省は「新型コロナウイルス感染症対策のための臨時休業等に伴い学校に登校できない児童生徒の学習指導について」という通知を発出しました。

この通知には、「家庭が保有するスマートフォンやパソコン、タブレット端末等の利用も考えられる」とし、同時に文部科学省のホームページに「子どもの学び応援サイト」という教材リンク集を作成しました。

同通知には、さらに「各家庭においてICT端末や通信環境の活用が困難な場合は、家庭学習用のプリント等を配付するなどの代替措置を行うこと」と書かれていました。**つまり、国はオンライン授業を優先しており、難しい場合にプリント教材と考えているということです。**

● 教科書とプリントだけでは学びを保障できない

学力保障は喫緊の課題となりました。先生たちはプリント教材の印刷に追われています。自身も感染の可能性があるのに、子どもたちの家を回りポスティングをしています。子どもたちは、自宅で、教科書とプリントで学んでいます。

しかし、そもそも教科書は、教師がいて対面で授業することを前提として設計されています。子どもたちが教科書をただ読むだけでは、十分な学習は成立しません。

そこでプリントを配付することになるわけですが、通常の授業では既習事項の定着等の場面で多くプリント教材を用いてきたことからわかるように、授業が成立した後にこそプリントが有効に機能します。現在は授業ができないのですから、プリントも十分に機能しません。

そもそも、どさっとプリントの束が届けられたとき、子どもたちのモチベーションが上がるとは思えません。

だからオンライン授業の出番なのです。

オンライン授業の主なかたち

● そもそも「オンライン授業」とは？

　オンライン授業が求められていることはわかりました。ところで、オンライン授業とはどのようなものなのでしょうか。

　まずは通常の授業のことを考えてみましょう。通常の授業では、理解を促すために先生が説明をしたり、子どもたちが自分なりの考えをノートに書いたり、考えを友だちと共有して触発されたりします。もちろん多くの場合、先生が仕切り役です。授業の終盤には、習熟や定着のために演習等が行われることもあります。このように、授業というのは、いくつかの学習活動の組み合わせによってできあがっており、それぞれの学習活動には目的があるということがわかります。

　オンライン授業も「授業」ですから、いくつかの学習活動が、目的に応じて組み合わされている必要があります。通常の授業と異なるのは、コンピュータとネットワークを介したオンラインで、いろいろなツールを用いて行うということです。

● オンライン授業で用いられるツール

　オンライン授業で用いられるツールは、大別すると以下の３つです。①ビデオ通話とかオンライン会議システムなどと呼ばれるツールです。身近なところではスマートフォンでのLINE電話などがありますが、

コンピュータを用いて一度に多人数を接続する場合には、Zoom などの専用のオンライン会議システムを用いることが多くあります。

② URL から資料や動画を参照することも多く行われます。たとえば学校のホームページに掲示されたプリントをダウンロードするとか、NHK の E テレや YouTube にアクセスして動画を見ることなどがこれにあたります。多くはブラウザだけで対応できますが、E テレや YouTube などはアプリを介してアクセスした方が便利なこともあります。

③ クラウドを前提としたグループワークのための教育用ツールを活用することもあります。代表的なものには、Google Classroom などがあります。これらのツールを利用するためには、先生も子どもたちもアカウントの取得が必要です。先生のアカウントで課題を作成すれば、クラスの子どもたちのアカウントからそれを見ることができます。先生から子どもたちに資料を配付したり、子どもたちが学習した感想などをアンケート形式やファイル添付で先生に提出したり、先生が回収したりすることもできます。

● 同期と非同期を使い分ける

① のような方式のメリットは、相手の顔を見ることができること、実際に声でやりとりができることですが、同時アクセスが必要です。一方、② や ③ のメリットは、必ずしも同時でなくても、子どもたちが都合のいい時間にアクセスして取り組むことができることや、学習にどれだけの時間をかけるかについても個々に応じてよいということです。これは通常の授業にはないメリットでもあります。

オンライン授業で用いられるツールの代表例を 3 パターン提示しましたが、この他にも教科書や資料集、ドリル教材やプリント、辞書などの併用も可能です。**オンライン授業とは、オンラインだけでやる授業だと思い込む必要はありません。**

各地で
オンライン授業が
はじまった！

●多くの学校でオンライン授業の試行がスタート

　連日のように、テレビのニュースで各地でのオンライン授業の取組みが報道されています。もっとも多いのは、オンライン会議システムによる同時アクセスによって対面している映像です。次に多いのは、先生たちが一生懸命に授業動画を作成している映像です。先生たちの努力が垣間見えることもあって、保護者を安心させるのかも知れません。

　しかし、よく考えると、オンライン授業は1回で終わりではありません。学校の休業が長引き、子どもたちが毎日、在宅で学習するのです。できればある程度の型が定まっていた方が子どもたちは安心できます。また、教材を用意する先生の側も、数分の授業動画を作成するのに何時間もかかるようでは続けることが難しいでしょう。

　オンライン授業のポイントは、自分たちにとって持続可能性が高い方法を選択し、組み合わせることです。

●顔が見えるということのメリット

　オンライン会議システムを使えば、子どもたちと顔を見てコミュニケーションができます。このインパクトはとても大きいものです。

　通常の授業は、学級というコミュニティーを前提にして行われます。オンライン授業でも、実は同じです。先生や友だちの顔が見えること、

会話を交わすことができることによって子どもたちにもたらされる安心感はたいへん大きいのです。

　一方、オンライン会議システムの長時間利用はとても疲れますし、子どもたちも飽きてきます。朝の会の 10 分間とか、授業の冒頭の 5 分間など、時間を限定した方がうまくいきます。それでも、友だちのがんばる様子や、自分とは違う意見などから学ぶことが多いものです。

●見直されるプロによるコンテンツ

　先生たちが張り切って授業動画を撮影する例もとても多く見られますが、実はこれが案外厄介です。

　先生たちは教えることに熱心です。熱心なあまり、長い動画を作りがちです。しかもカメラに向かって話すのは、通常の授業と違って子どもたちの反応がありませんから、説明もくどくなりがちです。

　くどくどと説明される長い動画。いくら大好きな先生が登場しているといっても、子どもたちは見続けることができません。

　先生たちが授業動画を作る際には、3 分程度にするのがコツです。どんなに長くても 10 分から 15 分といったところでしょう。板書等は済ませておき、この授業で押さえるべきことだけを板書を使って説明します。台本を作ったり、編集をしたりするようでは、長続きしません。やり直しをせずに、一発収録がよいでしょう。

　ところで、実は授業動画をすべて先生が用意する必要はありません。**内容によっては、NHK for School などの既存のストリーミング配信で十分です。**子どもに理解しやすい映像表現のプロが作成した番組映像が潤沢に提供されているのですから、これを使わない手はありません。その際、番組映像を見たあとに、どんな内容だったかを整理する活動や、もっと知りたいことなどを書き出す活動を組み合わせることが重要です。子どもたちがワークシートに書いて、カメラで撮影して先生にメール添付で送るだけでも立派な双方向型の学習になります。

ここからはじめよう オンライン授業

● 家庭のオンライン環境を調査する

　文部科学省が 4 月 23 日に発出した「新型コロナウイルスによる緊急事態宣言を受けた家庭での学習や校務継続のための ICT の積極的活用について」という事務連絡には、オンライン学習の実施に際して大切なことが次のように書かれています。

　1 つめは、「家庭でパソコン・タブレットやスマートフォン等 ICT 機器を所有している場合には、それが児童生徒の家庭学習にも活用されるよう、家庭の理解を得つつ進めること」です。長く続く学校の休業において、子どもたちの学習を保障するためにはオンライン授業は不可欠であり、そのためには家庭の ICT 機器を用いることが必要であることを、保護者にしっかりと説明することが学校の責任となります。

　2 つめは、家庭に十分な ICT 環境がない場合の措置です。「教育委員会や学校において端末の貸出や代替措置を講じるなど、家庭でこれらの ICT 機器を活用できない児童生徒の学びに十分配慮すること」と書かれています。緊急時なのだから、ICT 機器の不足は学校の端末の貸出等で代替することが前提です。また、「家庭に Wi-Fi 環境などがない場合が想定されるため、各学校では家庭の通信環境について至急把握すること」と書かれています。Wi-Fi 環境の実態把握は、各学校が至急対応すべきこととされています。

●オンラインでつなぐ試行を何度もやる

　Wi-Fi環境がない家庭は一定数あります。しかし、多くの保護者はスマートフォンを持っているので、時間帯を工夫しさえすれば、保護者のスマートフォンでアクセスすることは可能です。保護者にしっかりと説明し、協力を促す努力が必要です。

　さて、ICT機器があって、Wi-Fi等の環境がそろえば、オンライン授業の準備は完璧かと言われれば「No!」です。つながるはずなのにつながらない、声は聞こえるけど映像が映らないなど、最初の段階ではさまざまなトラブルが起こります。先生もはじめて、子どもたちもはじめてなのだから仕方のないことです。

　最初から完璧を求めない。これがオンライン授業のコツです。できれば、協力いただける家庭とまずはオンラインでつなぐ試行をしましょう。何度かやるうちに参加できる子どもが多くなっていきます。先生も子どもたちも段階を追って上手になっていきます。

　短い時間でいいのです。先生たちの努力の様子を見せることです。オンラインでつながることが、在宅の子どもたちと学校をつなぐ有効な手段であることが、保護者にも伝わっていきます。

●すごい授業なんて求めない

　先生たちの多くは、そもそもこれまでオンラインで授業をしたことなんてないのです。最初は、教科書やノートとの併用を前提に、課題の指示や回収だけをオンラインでやるだけでもいいのです。

　同じように、子どもたちも、これまでオンラインで授業を受けたことなんてないのです。フルスペックのオンライン授業など、与えることができても、受け止めきれないのです。小さな課題、小さなコミュニケーションが、日々続くことこそが重要です。

オンライン授業で
身につく力

●オンライン授業の有効性

　私たちの多くは、新型コロナウイルス感染症による学校の休業によって、オンライン授業の重要性を認識しました。

　しかし、オンライン授業の実践研究は、それまでもされてきましたし、それなりの蓄積もあります。

　たとえば北アメリカ大陸では、広い草原の向こうに1軒だけ家があり、そこに子どもがいる場合の教育の提供の方法について、ずいぶん昔から検討が繰り返されてきました。広大な土地で人口密度が低い場合に、遠隔から教育をデリバリーする手法を考える時、通学することは難しいし、十分な郵送手段も得られない状況がある中、放送やインターネットは朗報だったのです。

　日本でも、たとえば中山間地の学校と町の学校をつないで遠隔合同授業を行う実践が進められてきました。過疎化が進む中、子どもの数の減少によって刺激が少ないといった短所を改善する方法として、テレビ会議システムや、クラウド上で一緒に書き込みができるような協働学習ツールの有効性が示されています。小規模校は、普段から個別学習がやりやすく、子どもたちに対してきめ細かな指導ができます。そのメリットを残したまま、デメリットであった多様な人の考えを聞くことを、オンライン授業でカバーしているのです。

●「学びに向かう力」の獲得を

　学習指導要領が求める資質・能力の1つに「学びに向かう力」があります。自分が学ぶ内容や方法を、自分で決めて、自分なりのやり方で取り組み、それがうまくいったかどうかを振り返り、何がわかって何がわかっていないか、方法の改善の必要はないか、あるとすれば次の機会に新しい方法に挑戦してみよう、そういう主体的な学習者像が求められているのです。

　在宅での学習にこそ、「学びに向かう力」が必要です。自分を律し、短期の目標を定め、一つひとつやり遂げていく力を身につけさせるチャンスでもあります。

　しかし、子どもの場合、他者による介入が一定程度必要です。学習の中核の部分はある程度子どもたちに任せるとしても、課題の確認や、成果に対するフィードバックは、先生たちの仕事です。

　長く続く学校の休業です。学習内容に対する学習保障だけでなく、「学びに向かう力」の獲得になるよう、この機会を利用しましょう。

●生涯学習時代の義務教育

　小学生には難しいように見えるこのような力が求められるのはなぜでしょうか。

　それは、学校段階で身につけた知識・技能だけでは生きていけないことが自明だからです。変化の速い世の中、次々に生じる想定外な出来事。それを乗り越えていかなければならない子どもたちなのです。

　そのためには、学んだ結果としての知識や技能だけでなく、学ぶ意欲、学び方のスキル、他者と協力するマインド、自分の学びを振り返って改善する方法を鍛えておかなければなりません。

　オンライン授業は、そんな生涯学び続ける時代を生きることになる子どもたちにとって、よい経験となります。

オンライン授業に横たわる課題

● いまは「できるところから始める」しかないのに

　新型コロナウイルス感染症の拡大とそれによる学校の休業など、誰にも予測できなかったことです。私たちは、毎日子どもが学校に登校してくること、教室で先生が授業をし、子どもたちが学ぶということのありがたさを再確認しました。しかしいまはそれができないのです。

　この後、学校は段階的に再開に向かうことでしょう。しかし当面は、十分な距離をとった少人数学習や、一部の子どもたちだけを登校させる分散登校が余儀なくされるはずです。したがって、オンライン授業を併用しなければ、学習保障はできません。通常の授業とオンライン授業によってカリキュラムをこなしていくことが求められます。

　いまは緊急事態です。平常時ではありません。普段はすべての子どもにまんべんなく公平に対応できることでも、いまは、できるところから始めていくしかありません。文部科学省は学校再開にあたって、小１、小６、中３を優先するよう指示しました。これに対して不公平だという声があります。しかし、いまは全員を一斉に学校に登校させることができないのです。順番に対応していくしかないのです。

　緊急時において、平常時の発想を捨てられないことは、大きな問題です。日本人の過剰な平等意識が、できることから始めることを邪魔しているのです。

● 教師や学校がやるべきことは何か

たとえば在宅で過ごす子どもたちにプリント教材を1枚渡したとします。あっという間に学習を終える子どももいるでしょう。時間がかかる子どももいるでしょう。友だちと一緒なら頑張れる子ども、先生が褒めると俄然やる気を出す子どももいるでしょう。

そんな子どもたちのことを一番知っているのは先生たちです。学齢に応じた対応は、先生なら当然持ち合わせているプロの技術です。担任ならば、保護者の性格や家庭の事情まで踏み込んで理解していることでしょう。

そもそもこれまでも教室での子どもたちへの対応は一律ではなかったはずです。子どもや家庭の状況に応じた対応をしてきたはずです。

先生たちの最大の役割はここにあります。オンラインで少しでも子どもたちに寄り添うこと。オンライン以外の方法も組み合わせて、子どもたちのやる気を喚起すること。保護者に安心してもらうこと。現場教師の矜持を発揮する時です。

● 実は教育委員会の役割が大きい

教育委員会によっては、未だにオンライン授業に踏み切れないところがあります。その多くは、ICT環境の不足を理由にしています。家庭によって不公平になるのではないかと二の足を踏んでいるのです。

しかし保護者の多くはオンライン授業を望んでいます。先生たちも子どもたちとオンラインでコミュニケーションしたいのです。

ならば教育委員会は、できない理由よりも、できる方法を考えてほしいものです。ICT機器は貸し出せばよい。それも難しい場合は、当該の子どもたちだけ登校を許可する分散登校だってできるはずです。緊急事態のいま、先生からも保護者からも、教育委員会の強いリーダーシップが期待されています。

●コラム
オンライン授業を受ける家庭へのサポート

　「先生、ごめんね。私たち、パソコンに詳しくないの」

　これは、保護者から言われた言葉です。オンライン授業を始めるとき、「デバイス」の心配をしてしまいがちですが、場合によっては各家庭でアプリのダウンロードをしたり、設定をしてもったりすることがあります。上記の言葉のように感じている保護者は多く、どの家庭も設定がスムーズにいくとは限りません。

　私の学校では、設定をしてもらう場合に、「設定するための期間（2・3日間）を設ける」「設定するための説明書を配付する」「電話によるフォローを行う」ということを行いました。

　説明書は各会社の既存のものを使用するときもあれば、実際に我々が操作をしてみて考えた「起こりそうなトラブル」をまとめたものを配付しました。各家庭で使用するアプリや設定方法は、事前に我々も体験しておくことが大切です。

　その説明書で、スムーズに各家庭で設定できるかなと思っていましたが、「Android ではうまくいかない」「家のパソコンではうまくいかない」などといった想定外のトラブルによる電話が各家庭から多くありました。

　電話で、お互いに同じアプリの画面を開けながら、一つひとつ説明をしました。操作に慣れている子どもに替わってもらって説明することもありました。中には、こちらもまったくわからないトラブルのときもありました。その時は、複数の教職員が連携をしながら、説明をしたこともあります。保護者と一緒に悩みながら、試行錯誤しながら進めています。

（樋口万太郎）

第2章

やってみよう！オンライン授業とオンラインの子どもとの場づくり

オンライン授業、子どもとの場づくりで大切にしたいこと

● オンライン授業について考えておきたいこと

　私の学校では、3月から休校、4月も登校できたのは1日だけで、そこから再び休校になりました。登校できた1日も前年度の成績を返却したり、休校中の学習についての説明で終始し、子どもの近況などを聞く時間はありませんでした。その後、もうずっと、子どもたちとの直接の対面授業はできていません。

　休校延期が決まったとき、「3月と同様の課題の出し方ではダメだ！」「いまできることをやっていきたい！」と思い、上司からの声かけもあり、学校内でオンライン授業について考えることになりました。

　こうした危機感からの取り組みは私の学校だけでなく、全国の自治体、学校で起こっています。原稿を書いている4月下旬、全国各地で授業を説明する動画を作成することが始まったり、学校のホームページ上で子どもが探究できるような課題を掲示し始めたり、Zoomなどを使って双方向のオンライン授業を行おうとする動きが活発になってきました。

　私の学校では、一足早くオンライン授業を始め、日々試行錯誤しています。試行錯誤していく中で、オンライン授業を行うにあたり、考えておきたいことが2つあることに気がつきました。

●オンライン授業を行うのは何のため

　1つめは、「オンライン授業は何のために行うのか」ということです。「某予備校でビデオを使用したオンライン授業」では、「成績をあげるため」といった目的はあります。アプリなどを使った授業にも「成績を上げるため」「学び直すため」といった目的があります。

　では、「学校で行うオンライン授業」には、どのような目的があるでしょうか。学びを進め「学習を保障していく」という目的はもちろんですが、それだけではないはずです。オンライン＝ on-line の「on」には、「〜の上に」「〜を軸にして」という意味があります。

　これははじめてオンライン授業をしたときに子どもが書いた感想です。

　　今日は久しぶりの授業です。先生の顔は写真と動画でしか見れないけど、春休みに比べたら、寂しくないです。まさか春休み明けの授業がこんな風に行われるとは思ってもいませんでした。でも、久しぶりに授業を受けられてとっても楽しかったです。また明日、つながるのが楽しみです！

　「つながる」ことに喜びを感じていることがわかります。つまり、いつも通りでなくても学級経営で大切にしていること「の上に」「を軸にして」に、「先生と子ども」「子どもと子ども」という line をつなげることを目的として授業や場づくりをしていくことが必要です。

●オンライン授業は万能ではない

　2つめは、「オンライン授業は万能ではない」ということです。オンライン授業だから、クラスの子が全員参加したり、課題を全員の子が必ず行うとは限りません。参加できない理由や状況があります。

　これは普段の学習でも同様です。だから、参加できない子には、普

段のようにフォローしていく必要があります。

●オンライン授業はみんなしたことがないから不安!!

「オンライン授業をやったことがないから不安」

「オンライン授業というと双方向なのでしょう？　レベルが高い！」

という意見をよく聞きます。

不安な気持ちはよくわかります。私も不安でした。しかし、考えてみてください。ほとんどの教師がオンライン授業をやったことがなく、ゼロからのスタートなのです。

はじめてオンライン授業をしたときに子どもが書いた感想です

今日、はじめて家で授業をうけました。私は、このオンライン授業が思っていたよりも普段の授業に近かったのですごく、授業を受けているという感じがしてすごく安心しました。でも、やっぱり普段の授業には勝らないので、早くコロナが収まってくれたらいいなと思います。

ほかにも、普段の授業と近いと書いている子がいました。**実はゼロからのスタートではなく、普段の授業をベースに考えればいいのです。**

しかし、「問題提示→自力解決→集団解決→まとめ→振り返り」といったスタンダードの流れでオンライン授業をつくるのは大変です。普段の授業をすべて使えるというわけではありません。

オンライン授業では、「活動に時間がかかる」「一人で考える時間が増える」といった普段の授業と変わることがあります。そのため、個人差がより生まれたり、スモールステップの手立てがより大切になります。そこで、私の場合は、

パターン1　課題提示→一人で取り組む→途中段階で提出→友だちの
　　　　　　　考えを見ながら自分の考えをアップデート→振り返り

パターン2　小さな課題→小さな課題→小さな課題

パターン3　1時間ずっと課題に取り組む

パターン4　動画を見る→課題に取り組む

という4パターンを使い分けて、授業をつくるようにしています。

　一方で、オンライン授業をつくるときにも変わらないこともあります。それは、「教材研究」です。

　オンライン授業でも教材研究をしていないと授業がうまくはいきません。「考えてみたい」「やってみたい」といった子どもの心に火をつけるような課題を考えることも普段の授業と同様です。

　オンライン授業をつくるときに、「完璧」を求めてはいけません。普段の授業で、完璧な授業はあるのでしょうか。「完璧」な授業などないため、授業したことを振り返り、改善したことを次の授業に活かす。これも普段の授業と同様に行っていく必要があります。

●オンライン授業＝双方向？

　オンライン授業というとビデオ機能を使った双方向のイメージを持たれる方がとても多いです。そのイメージのオンライン授業はレベルが高いです。みんながすぐに取り組めるものではありません。オンライン授業には以下のようなタイプがあると本書では提案しています。

タイプ1　子どもとのつながりをつくる

タイプ2　子どもと楽しむことを共有する

タイプ3　既存のコンテンツから課題を出す

タイプ4　メッセージをやりとりする

タイプ5　ビデオ会議ツールによる双方向の授業

　特にタイプ1、2はオンラインの子どもとの場づくりです。それぞれの学校の実態、子どもたちの発達段階に応じて、適したタイプから始めることが大切です。オンライン授業は一人ですべてを行おうとするのではなく、ICTが得意な方の力を借りたり、いまある既存のコンテンツを使用したりすることが大切です。

（樋口万太郎）

オンライン授業を受けた子どもたちの感想

● はじめてオンライン授業を受けたときの感想

○（ロイロノート・スクールによる文字ベースのオンライン授業を受けて）
昨日は、音声がないので不便かな、と思っていましたが、やってみると意外と楽しかったし不便ではありませんでした。普段のように授業が受けられたのでよかったと思います。友だちとの交流ができるのも楽しかったところです。でも、学校では、立ち歩いて自分の言葉で説明しますが、それができなくて残念でした。早く学校が再開して欲しいです。

○今日は授業をオンラインでしました。オンライン授業ははじめてだったのでまだまだなれません。それでもこういう形で授業が先生とできるようになった事は嬉しいです。オフラインの宿題も頑張ろうと思います。

○今日、はじめて家で授業をうけました。私は、このオンライン授業が思っていたよりも普段の授業に近かったのですごく、授業を受けているという感じがしてすごく安心しました。でも、やっぱり普段の授業には勝らないので、早くコロナが収まってくれたらいいなと思います。

○オンライン学習になりました。家では友だちがいなくて寂しいけど、集中できたと思います。特に、変わることはなくいつも学校でやってるような事をできたので、これからも続けていきたいと思います。

●数週間オンライン授業を受けたときの感想

○はじめは、「はじめのうちは楽しいけど、だんだん飽きてくるのでは？」
と思っていました。でも、全然そんなことはありませんでした。毎日し
ているので、土日はつまらなかったほどです。友だちと授業を受けてい
る感じもして、楽しかったです。これからの授業も楽しみです。

○オンライン授業を2週間受けて、だいたい慣れてきました。ロイロノー
トで遊んだりすることもできてすごく楽しいです‼　でも、友だちに質
問したいときとかは提出して、それで送ってくるみたいな感じで、すぐ
聞けないのでまだ慣れていないところもあります。あとどれぐらいオン
ライン授業が続くかわからないのでしっかり慣れていきたいです。

○最近、オンライン授業に慣れてきました。オンライン授業があるからこ
そ、外出をやめようという人もいると思います。友だちは、「いいなー」
と言っています。普通でも暇なのでオンライン授業があって、少し少し
少し嬉しいです。早く学校が始まって欲しいです。

●マイナスな感想も

○今日ははじめてのオンライン授業がありました。オンライン授業はいい
ものだと思っていましたが、あまりよいものではありませんでした。途
中で止まってしまったり、機械がバグったりしてしまったりしたからで
す。明日からも頑張ってやりたいです。

　子どもたちの感想を読んでいると、様々なことを我慢している状況
にストレスを感じていることがわかります。しかし、同じ時間帯に、
同じクラスの友だちが、同じ学習をしていることにつながりを感じ、
そのことに喜びを感じていることがわかります。

（樋口万太郎）

実践1　Zoomによる 朝の会の実践

- -

使用するアプリ＆使用する機能

アプリ：Zoom

機能：オンラインでのミーティング

● コミュニケーションのチャンネルをつくろう！

　休校にあたってまず課題として考えられるのは、「子どもたちとのつながり」を保つチャンネルがいまの学校現場には驚くほど少ないことです。教師と子どもたちとのつながり、さらには、子どもたち同士の学級としてのつながりは、学校に来ることによって成立するものであったことは論を待たないでしょう（図1）。

　様々な学校が独自でコミュニケーションのチャンネルをつくろうとしている中、直接家庭訪問をするという方法は、継続的に行えない点や教師の負担が高すぎる点、ウイルスを持ち運んでしまっているのではないかという懸念がある点などにおいて

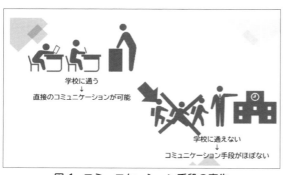

図1　コミュニケーション手段の喪失

課題があります。また新年度となり、異動された先生も多い中で、土地勘もない状態の先生がうろうろと町内を歩き回ることや、見知らぬ人がいきなり担任として家に訪ねてくることがあるという状況では、かえって混乱を招く恐れもあるでしょう。

　これらの問題の解決やスムーズな新年度への移行、担任とのコミュニケーション、子どもたち同士のコミュニケーションを図る手段として、Zoomを活用した朝の会を計画し、実践しました。

● こんなふうに実践しました！

　最初は、実践をするための高いハードルが存在します。それは、「学校全体として取り組む」ことに対するハードルです。

　今回、私の学校でも、全家庭に朝の会が行える端末やWi-Fi環境があるかどうか、調査を行うべきだという声も少なからずありました。しかしながら、校長による速やかな意志決定があり、まずはできる家庭から試行的に進める、それと並行して環境の問題について対応していくという基本方針が、4月2日の段階で確立していました。

　新しいことに取り組む苦手意識があったとしても、有用性さえわかってくれれば取り組んでくれる方ばかりだと、同僚のみなさんをある意味では信頼をしていたので、全校として取り組むためにどうやって有用性を伝えていくのかに重点を置き、提案を行いました。

職員への提案

　職員への提案では、まずZoomをとにかく体験してもらうことに主眼を置き、私がホストをする会議に参加していただきました。その時有用だったのは、Zoomのギャラリービューです（次頁、図2）。

　Zoomでは、参加者を一望できる表示方法があり、パソコンにもよりますが、25人、50人の参加者を同時に表示することが可能です。

　この画面において、それぞれの様子を動画で見ることができるのは、まさにオンライン朝の会といった様相で、先生方にも好評でした。

図2　Zoom のギャラリービュー

　体験会の後、これがそのまま児童と行えることを知らせ、まずは学年全体としての朝の会を行い、徐々にクラスとして取り組んでいくようにしたらどうか、といった提案をしました、併せて Zoom の操作マニュアルも作成して配付しました。さらに、それぞれのクラス担任に対して無料アカウントを作成し、ID とパスワードを配付しました。

　次に、学校全体として取り組むためのルール設定を行いました。学校のインターネット回線の容量は同時に3クラスまでが限界なので、学年毎に30分ずつずらして朝の会の時間を設定することや、実施は毎日でなくてもよい（試行のため）こと等を確認しました。

　また、最低限の操作について共通理解をしました。特に、「すべてミュートにする」ことは非常に大事で、子ども全員の音声が入っている状態だと、こちらの声の大きさが小さくなってしまい、声を張り上げても届かなくなることについては、しっかりと共通理解を図りました。

実践の実際

　前日までにメール配信によって Zoom の URL を保護者に周知し、実践を行いました。「はじめのうちは試行でもあるし、あまり利用されないだろう…」と踏んでいたのですが、**8割以上の児童が参加する朝の会となっています。**

ある日の朝の会では、以下のように進めました。

① **あいさつ**

② **グループに分かれて、昨日の話と今日の予定を話す**

③ **グループの代表一人が全体で発表する**

④ **歴史人物クイズをする**

⑤ **漢字ドリルの進捗を確認する**

⑥ **じゃんけんタイム**

　①のあいさつでは、前回の朝の会について簡単に紹介することでインフォメーションギャップを減らすようにしました。

　②のグループに分かれての話し合いでは、ブレイクアウトルームの機能を利用して4人程度のグループに分け、自由に話してもらいました。その際、③を行うための発表者を事前に指名し、終わった後にそのグループの話の内容を発表してもらいました。

　④と⑤については、簡単なクイズや確認を行うことで、家庭学習をスムーズにスタートできるようにと計画しました。たとえば、「誰でしょうクイズ」などをして楽しみました。その時、紙と鉛筆があると、クイズ番組のように答えを見せ合うことができて便利でした。

　最後はじゃんけん。これが一番盛り上がります。締めくくるのにもちょうどよいので、最後のじゃんけんはおすすめです。

　実践を通してまず感じたことは、子どもたちの素敵な笑顔が見られたことです。そして、子どもたちもつながりあう場を必要としていたことが、はっきりとわかったことです。今回の休校は、長いトンネルのように暗く、出口が見えないものです。それでもこの朝の会は「一緒に歩んでいる仲間や先生という存在がいる」ということ、そしてその心強さを子どもたちに実感させてくれたことでしょう。私以外の先生方にも好評で、いまではこの朝の会は、先生方にとってもなくてはならないものとなっています。みなさんもぜひ挑戦してみてください！

（鈴谷大輔）

実践2 オンラインで全学年の健康観察対応

使用するアプリ＆使用する機能

アプリ：ロイロノート・スクール、Zoom
機能：カードを送る・提出箱に提出する・資料箱に保存、ビデオ会議

●健康状態を把握しつつ子どもに声かけをしたい

　休校中であっても、規則正しい生活リズムを保つことは大切です。毎朝、子どもが自分の健康状態を自ら把握し自覚することで、よりよい生活が送れるでしょう。担任も子どもの健康状態を把握しておくことで、オンライン授業時に、子どもの状態に合わせて声かけや配慮をすることができます。

　そのため私たちは、ロイロノート・スクールという授業支援アプリのカード提出という機能を使うことにしました。ロイロノート・スクールは、カードに書き込んだり、カードに別のカードや写真を入れたりすることができて便利です。そこで健康観察カードを作って活用することにしました。提出箱に来たカードを一望できるのがよく、コメントを入れて返却するなど双方向のやりとりができるのがよいところです。今年の4月から、タブレットだけでなく、web版も開発され、PCでも使えるようになりました。iPadだけでなく、他のタブレットや、スマホ、MacやWindowsのPCなど、様々な機種に対応できるようになったのも長所です。

また、Zoomなどの遠隔会議システムの映像を使った健康観察の補充や代理という形でも活用できます。どうしても映像では参加できないご家庭や映像には出たがらない子どもがいます。Zoomと併用するとさらに効果的な健康観察ができるでしょう。

　カードの形や文字を変えれば、何年生でも実施可能ですが、ここでは6年生で活用した例を述べます。

●こんなふうに実践しました！

事前指導

　昨年度から休校は続いていますが、年度始めに始業式と臨時登校日だけは設けられました。そこで子どもたちが学校に来た日に、Zoomの接続と入室の方法、ロイロノート・スクールに自分のIDでログインするという方法を体験させました。特にロイロノート・スクールは各家庭の端末から入るところも多かったので、全員にIDとパスワードを印刷して渡しました。

実践の実際

　本実践は毎日行いました。

①**カードの形式**　ロイロノート・スクールの白いカードの中に色カードを入れ込むという形で、同学年の担任が作成しました。月日、体温を数字で記入（タッチペンでもキーボードでも可能）。咳・鼻水は出ているか、今日の体調はどうかに丸をつけ提出します。

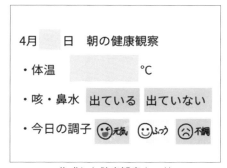

作成した健康観察カード
（本校　山川教諭　作）

②**カードの与え方・引き出し方**　教師が作ったサンプル版を、ロイロノート・スクールの各学級の資料箱に入れておきます。子どもたち

は、そこから「使用する」をタップして、自分のノートに引き出します。そして、朝からの自分の検温や体調の状況を記入しました。

③カードの提出と教師の確認　教師が作った提出箱が作成されると、子どもたちは次々に自分のカードを提出します。私の学級では 7:30 ～ 9:00 を提出時間としました。担任は、自分の学級の子どもたち一人ひとりのカードを見ながら、提出状況と体調をチェックしていきます。

④ Zoom との二段構えによる健康観察　9:00 になったら、Zoomを接続して、対面で健康観察を行います。Zoom は顔が見えるので、「元気だな」ということを一瞥して感じることができます。しかし、Zoom の場合、全員がそろうことが少ないです。その時間を意識していない子ども、朝寝坊で間に合わなかった子ども、はたまた顔を見せたくない子どもなど様々です。

　そんな時、健康観察カードは効果的です。Zoom に姿を見せなくても、きちんと健康観察カードを出している子どもがいるのです。また、健康観察カードを出していなくても、Zoom に来る子どももいます。この二段構えで、どちらかの健康状態を確認しています。そして、両方とも姿が見えない状況が続いた場合は、電話で保護者と連絡することにしました。もちろん熱があるような状態においても、保護者と連絡をとり健康状態を把握しました。

⑤養護教諭との連携　子どもたちの健康状態を養護教諭（保健の先生）も常に把握しておきたいとの要望がありました。そこで、本校の情報担当にお願いし、それぞれの学級に養護教諭も指導者として登録することにしました。そうすることによって、養護教諭も、私のクラスの健康観察カードを眺めることができます。場合によっては直接書き込みをして、子どもに健康状態を詳しく尋ねることができます。

　また養護教諭が Zoom の健康観察に時々参加をしてくれました。そうすることにより、子どもたちの実際の表情を見ることができます。

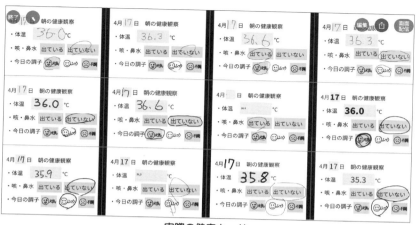

実際の健康カード

時々各教室に行って朝の様子を見るようなことが、遠隔の健康観察でも可能になりました。

● 実践をして

休校中であっても、毎日、健康観察を確実にし、記録を残すという点で、ロイロノート・スクールの活用は効果的でした。また Zoom との併用でより効果的になるとわかりました。

全家庭同じ iPad というような条件であれば、健康状態によってカードの色を変えるなどのさらなる工夫もできるでしょう。また、学年が下級生になるにつれて、漢字を減らすなど子どもの実態に応じた改善をすることで、どの学年でも活用することは可能です。

（西尾　環）

実践3 オンラインで学級通信を送る

使用するアプリ＆使用する機能

アプリ：ロイロノート・スクール

機能：学級通信（PDF）を送信する

●学級の状況を保護者にも伝えたい

普段、学級通信を発行するように、オンラインでも学級通信を発行していくことで、オンライン授業の様子を保護者の方に伝えていきます。

●こんなふうに実践しました！

① 学級通信を作成します

私の場合は、「word」で作成し、最後に「PDF」に変更するようにしています。内容は、前日に行ったオンライン授業や1日の終わりに書く振り返りを掲載しています。

② 学級通信を送信します

毎日、決まった時間（私の場合は終わりの会の時間帯）に送信をしました。**保護者から「何をやっているか、どんな意図なのかわかってよかった」という好意的な反応を得ています。**

六我夢中

音読

　2日目のオンライン授業はどうでしたか。昼からサーバーが重たくて、なかなかうまくいかないところもありましたが・・・。これからもこういう状況も考えられます。そうなったときは、自分たちで考えて行動してもらえると嬉しいです。

　国語の音読はどうでしたか。なかなか難しい詩でしたね。読んでわかる具体的な書き方というより、抽象的な書き方です。だからこそ、人によっての解釈が違ってきます。解釈をしたことを振り返りジャーナルを見ていると、「自分が思っていた声と違う」「一人でする難しさがあった」「みんなと音読をしているように感じた」「誰の声かすぐにわかった」という声が多くありました。

【振り返りジャーナル】←ナイスな解釈です。みなさん読んでみてね！

マンタくんへ

　四年生以下の「詩を楽しもう」は、言葉が分かりやすく、単純なものが多かったですが、五六年生になって、難しいな、と感じました。言葉の意味だけではなく、その言葉に込められた意味を理解しないとなかなか読めないからです。

　特に今回の二つの詩は、いろいろと込められた意味があるような気がしました。五年生の時にもありましたが、反復部分があったりすることが挙げられます。

　また、「春の河」では、題名には「河」とあるのに文には「川々」とあることなども何か込められた意味があるのではないか、と思わされた部分の一つです。文章にしなくても、「河」という情報と「川々」という情報が伝えられるようになっていて、上手な題名の作り方だな、と思いました。

　「小景異情」では、「あんずよ花着け」が一回目は改行されているのに、二回目は続いていることなどが工夫ではないか、と考えました。また、同じ室生犀星さんの詩、五年生の時に学習した「ふるさと」と比べてみても、違いが見られました。「ふるさと」の、「もえよ　木の芽のうすみどり」のところと、「小景異情」の、「あんずよ燃えよ」を比べると、「もえよ」の表現の仕方が違うことに気がつきます。僕は、「ふるさと」の方は、「萌えよ」、芽生えよ、という意味が込められている一方、「小景異情」の方は、「燃えよ」、光り輝け、という意味が込められていると考えました。

　今日、詩に込められている意味に改めて気づかされました。他の詩に出会ったときも、「言葉に込められた意味」について考えてみたいと思います。

実際に送った学級通信

（樋口万太郎）

実践4 オンラインで 温かみのある 手書きの連絡配信

使用するアプリ＆使用する機能

アプリ：ロイロノート・スクール

機能：テキストカード送受信

●子どもと温かいやりとりをしたい

　子どもたちとの日々のやりとりの中に温かみを持つことができるようにしました。

●こんなふうに実践しました！

　これはオンライン学習当初に子どもたちに送っていた連絡カードです。朝のあいさつや子どもたちに伝えなければならないことなどをテキストカードで送っていました。もちろんこれでも読

> おはようございます。
> 元気にしていますか？
> オンライン学習も3日目になりましたね。
> 少しずつみんなとつながりながら学習できていることをうれしく思っています。
> まだつながり方がよく分からなかったり、困ったりした人はいつでも連らくしてくださいね。
> 今日も1日いっしょに楽しく学習しましょう。
>
> また10時に朝の連らくカードを送ります。

最初に送っていた連絡カード

めば私の伝えたいことが伝わると思います。

　伝えたいことは強調して太字にしたり、色を変えたりしながら工夫を重ねていました。でも、「何か味気ないな…」と思っていました。

そこで、途中からは右のような手書きで書いた連絡カードを送るようにしました。同じように連絡していることでも手書きで行うことによって担任である私から送られてきていることをよりイメージすることができるのではないでしょうか。

手書きにしたカード

　本当ならば顔を見て直接伝えられるのが一番です。また、ビデオ会議ツールで双方向で会話できるのであればそれもよいかもしれません。でもそれが叶わない場合、ただ単にテキストとして連絡を伝えるよりも手書きの方が、教師の思いが子どもたちに伝わりやすくなります。

　テキストカードの方が見た目はきれいです。「自分の字には自信がない…」と思われる方もいるかもしれません。でもそんな事は気にする必要はありません。子どもたちは綺麗に整っているテキストよりも、担任の先生が書いてくれたことの方が嬉しいものです。

　タブレットPCに書き込むのが難しいと思われる先生は、ホワイトボードや紙に書いたものを写真に撮るのでもよいかもしれません。また、「すべて手書きはしんどいなぁ」と思われる先生は、「ここぞ」という時だけ手書きにすればよいのではないでしょうか。手書きが少しあるだけで、子どもたちの受け止め方は大きく変わってきます。

　実際に、「先生の字を見られて安心した」「先生の手書きの方が読みやすくてわかりやすいです」と私にメッセージをくれる子がいました。**子どもたちと心をつなぐ手段は、ほんのささいな工夫で生まれるのだなと思いました。**

（若松俊介）

実践5 学校ホームページを活用して家庭へ接続支援

使用するアプリ＆使用する機能

アプリ：Zoom、Microsoft PowerPoint（動画コンテンツ撮影用）

機能：ミーティング

●すべての子どものビデオ会議接続をサポートしたい

　学校がオンラインの様々な学習支援を用意しても、家庭により情報機器の活用スキルには差があり、接続方法がわからず活用できない家庭が出てくるかも知れません。児童に対する説明、紙面や電話での対応ではうまく伝わらないことも考えられます。

　そこで、確実に利用方法について理解してもらうために、解説動画を作成し、家庭で視聴してもらうことを考えました。本校の場合には、すべての家庭が Zoom によるビデオ会議へ接続ができるようになることを目指し、学校ホームページを活用した実践を行いました。

●こんなふうに実践しました！

　動画の作成　家庭からビデオ会議に接続するためには、2つのステップがあります。1つめは、学校用タブレット端末（学校から貸し出したタブレット端末）を家庭の Wi-Fi に接続すること。2つめは、ビデオ会議を起動して会議に参加することです。

　タブレット端末の操作や Wi-Fi の接続に慣れている家庭にとって

は難しいことではありませんが、まったく経験したことのない家庭があることも想定されます。この2つのステップを説明するために、2つの動画を作成し、できるだけわかりやすい説明を目指しました。

　動画の作成にはMicrosoft PowerPointの画面録画機能を活用し、学校用タブレット端末と同じ画面で、実際に動かしながら接続の様子を撮影しました。また、複数回の視聴を想定し短時間の動画にしました。

①「学校用タブレット端末を家庭用 Wi-Fi につないでみよう！」

　1つめの動画では、学校用タブレット端末と家庭用 Wi-Fi との接続について説明をしました。

①タブレット端末のデスクトップ画面　②ネットワークの設定画面
③ネットワークの選択　④パスワードの入力　⑤接続

　「画面下の Wi-Fi マークを押します」や「家庭にあるルーター等を確認し、パスワードを入力してください」と説明するなど、家庭でのつまずきを想定しながら音声を収録しました。動画の長さは1分34秒になりました。

②「ビデオ会議に参加してみよう！」

　2つめの動画では、学校用タブレット端末から Zoom のビデオ会議に接続する方法について説明をしました。

①タブレットのデスクトップ画面　②ビデオ会議の起動
③ミーティング ID の入力　④オーディオの選択　⑤カメラの選択
⑥ミーティグの退出

　この動画でも「この画面になるまでには多少時間を要します」と家庭でのつまずきを想定しながら音声を収録しました。動画の長さは3分13秒になりました。

学校ホームページでの発信

すべての家庭に見てもらうためには作成した動画に容易にアクセスできることが重要になります。そこで、日頃から情報発信として活用している学校ホームページに動画を掲載することにしました。

さらに、確実な視聴のため、学校ホームページの URL やインターネットブラウザからの検索方法だけでなく、学校ホームページ用の QR コードをお知らせプリントの紙面に掲載し、アクセスするための複数の方法について周知しました。

図1　ホームページ画面

また、保護者全員への一斉送信のメールに、学校ホームページへのリンクを貼り付け、携帯電話からも容易にアクセスすることができるようにしました。

休校中は学校ホームページのトップ画面の上部に接続方法についての記事を配置することで、すぐにコンテンツを視聴することができるようにしました。

家庭との接続

家庭とビデオ会議での接続を行い、接続できない家庭に電話で理由の確認を行いました。

時間が合わず参加できない家庭もありましたが、接続方法がわからず接続ができないという家庭はありませんでした。動画による接続支援を行うことで、接続方法への確実な理解につながっていることがわかります。

すべての児童がビデオ会議に参加することのできる環境が整った結果、健康観察だけでなく、卒業式の練習や打ち合わせなど、本来学校に来て取り組むはずだったことにも、家庭から取り組むことができるようになっています。

図2　ビデオ会議の画面

中学年の児童からは「一人で接続できました」という声もあり、多くの児童が自分でビデオ会議に参加できるようになったことがわかります。

図3　健康観察の様子

今後、ビデオ会議を活用しての児童への支援はますます増えると思います。すべての児童がビデオ会議に参加できる環境を整えることで、より効果的で確実な支援につながると考えています。

図4　卒業式の打ち合わせ

(小林　翼)

タイプ2　子どもと楽しむことを共有する

実践6　**2年
「やってみた」チャネル
の設置から**

使用するアプリ＆使用する機能

アプリ：Microsoft Teams

機能：写真や動画の投稿・コメントやスタンプを送る

●子どもたちが交流を深めつつ自分の得意を伸ばしてほしい

　2020年3月の突然の休校によって児童の日常は大きく様変わり
しました。本校ではMicrosoft Teamsを活用して教師の提示した課
題等に取り組んでもらい学習の保障を図ったところ、指示された課題
に留まらず、自分で取り組んでみたことを投稿する児童がいました。

　そんな児童のMicrosoft Teamsを活用する姿にヒントを得て、4
月にMicrosoft Teamsの活用の仕方を見直す際に、各教科等の課題
とは別に、自分なりに取り組んだことを投稿する「やってみた」チャ
ネル（会話を交わす場）も設置することにしました。

　「やってみた」チャネルでは、自分たちが取り組んだことを投稿し、
友だちや先生に見てもらうことができるため、児童は交流を深めつつ
も自分の得意なことを伸ばしていけるのではないかと考えました。ま
た、自ら興味を持ったことに取り組むことになるため、児童が主体的
に学ぶことのできる力を育成することにもつながると考えました。

●こんなふうに実践しました！

　Microsoft Teams のチャネルの数が少ないと、特定のチャネルに投稿が集中してしまうため、情報がすぐに埋もれてしまいます。逆に数が多いと、どのチャネルに投稿すればよいか迷ってしまいます。そのため、児童と保護者に向けて、事前にチャネル設置の意図などを説明しておくことが大切です。

児童版・チャネルの説明

　右図のように、スクリーンショットの画像に、矢印や説明を加えた資料を作りました。

保護者版・チャネルの説明

　下記のように、Microsoft Teams 活用の方針と併せた説明文書を作りました（一部抜粋）。

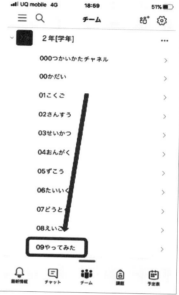

チャネルの説明

- ●（一般）学年職員からの連絡事項を伝えます。
- ●（000 つかいかたチャネル）「休校中の Teams 活用方法について（この手紙）」がアップされています。
- ●（00 かだい）学年共通の課題をテキスト形式で提示します。1日2教科の予定です。追加で動画を配信することもあります。
- ●（01 〜 08）課題を投稿する場所です。教科ごとにお願いします。都合のいい時間に投稿できます。
- ●（09 やってみた）課題以外に、自由に取り組んだ内容を投稿する場所です。

実際に運用してみると、投稿数など
によって当初の計画と異なる様子が見
られることも考えられます。そこで、
はじめにチャネルの方針を変える可能
性があるということも伝えておくと、
より丁寧です。

子どもの投稿例

**例①児童同士の交流による学びの高ま
り**

Microsoft Teams では、投稿ごと
にコメントだけでなく、[いいね！] [ス
テキ] [びっくり] などのスタンプを
送ることもでき、誰から送られたかも一目でわかるようになっていま
す。

　ここでは、コメントや他の児童からのスタンプ等を介した交流に
よって、児童の学びが高まった事例を紹介します。ペーパークラフト
でハリネズミを作ってみた児童が、写真を撮って投稿していました。
リアルなハリネズミの写真を見て、教員はもちろん複数の児童がコメ
ントを送っていました。右上図のように、ある児童が作り方を投稿者
に質問すると、投稿者の児童は「ペーパークラフトむりょうってけん
さくしてプリントしてくみたててつくったんだよ。」と作り方を伝え
ていました。この児童の投稿から、インターネットを使って検索をす
るコツとその知的財産の重要性に気づいていることが読み取れます。
「やってみた」ことを友だちが関心を持ってくれたからこそ、自分の
取り組みに自信を持ち、伝えることができるようになったといえるで
しょう。**こうした児童の学びの姿から、グループウェアのよさは交流
に留まらないことがわかります。友だちの行動から「やってみたい」
という関心が高まり、子どもの学びの意欲は喚起されます。**
　このように、教師が介入しなくても、交流機能を活用することで、

子どもたちの学びが高まっていくことがわかります。

例②自分の取り組みに合わせた投稿方法の選択

　Microsoft Teams では、動画をつかった投稿も可能です。ここでは、けん玉を連続で頑張ってやってみたと報告する投稿を取り上げます。自分のけん玉の技のすごさを友だちに伝える上で、動画がよいと考えたからこそ、この児童は動画で投稿しています。「やってみた」ことを伝える方法を選べることで、児童の表現の幅が広がったといえるでしょう。そうしたことによって友だちから多くの「すごいね」というコメントが集まり、自分の「やってみた」ことへの自信につながったと考えます。

　ここで気をつけたいことは、動画の品質です。録画時間が長かったり、高画質にしてしまったりしてファイルサイズが大きすぎると、再生されないことがある点です。また、ファイルサイズの大きさは月々の契約容量にも関係していきます。動画を投稿する際は、教師はもちろん児童や家庭にも配慮するように伝えられると、より丁寧でしょう。

まとめ

　例①や例②のように、児童が関心のあることに取り組める場を設定したことで、児童は Microsoft Teams の機能を活用して学びが高まっていくことがわかります。このほかの様々な「やってみた」の投稿からも、児童のやってみたいという関心と満足そうな姿をみることができました。長期化する休校時特有の心理的負担を軽減するだけでなく、オンラインであっても児童の主体的な学びを促すことができるという確信を得ました。

　反面、低学年児童が投稿する際は、保護者の協力が前提となります。家庭で Microsoft Teams などのグループウェアが利用されることは少ないですが、「LINE のようにスマホで使えます」と敷居を下げる説明をすることも大切です。

（四家崇史・宮本美弥子・篠塚真希・新谷祐貴・小池翔太）

実践7 家庭科チャネルをつくり「映え写真」を投稿！

使用するアプリ＆使用する機能

アプリ：Microsoft Teams

機能：写真や動画の投稿・コメントやスタンプを送る

● 家の仕事にチャレンジしよう！

　休校期間中、子どもたちは家庭での生活が長くなります。この機会に、家の仕事に取り組むことによって、家庭科の学習が深まることがたくさんあると考えられます。

　しかし、教師が子どもたちへ「家の手伝いをしましょう」とだけ一方的に伝えてしまうと、手伝いをすることが目的化してしまいます。

　その結果、家の人が手伝いをやらせるよう子どもに強制させてしまい、親子関係が崩れてしまう懸念もあります。ただでさえ学校に行けず、自由に外にも出られない子どもたちはストレスを抱えているので、伝え方には工夫が必要です。そこで本実践では、グループウェアの Microsoft Teams を活用して、どんなことでも自主的に家の仕事にチャレンジする学びを目指しました。

● こんなふうに実践しました！

課題提示

　子どもたちが抱えるストレスを想像して、自主的に家の仕事に取り

組めるように、以下のように課題を提示しました。

　　家庭科の学習は家でやってみることで深まることがたくさんあります。みそ汁を作ったよ、ぬい物をしてみたよ、などぜひ自主的に取り組んでみてください。

取り組み例：朝ごはん作り、おかし作り、洗たく物を干す・たたむ、部屋や玄関・洗面所などを片づける（しまい方を工夫する）、家（自分の家や住みたい家）の間取りをかいてみる、ガーゼでマスクを作る、マスコットを作る、食事の時に楽しい話題を提供する…など

※現在のような状況の中、めんえき力をつけることがとても大切だと思います。早寝早起き、しっかり食事をとることは聞き飽きているかもしれませんが、明るく前向きな考えをもってストレスをためないことや、笑いを大切にすることなどもとても重要とのことです。みなさんが少しでも家の仕事にチャレンジすることで、家の人の笑顔が増えるかもしれませんし、自分自身も体や手先を動かして気分転換にもなります。めんえき力という視点からも効果があるのではと勝手ながら考えています。ぜひこの機会に様々な家の仕事にもチャレンジしてみてください。

　なお、本実践で提示した課題は 2020 年 3 月の一斉休校時であるため、家庭科の学習のまとめとして取り扱っています。

　子どもたちからは、家で調理の取り組みにヤル気を見せて、数々の投稿が見られました。ここでは、3 つの投稿の例を紹介していきます。

例①作る過程から投稿

　家での調理の取り組みについて提出する際、作る過程の写真も撮影して投稿する様子が多く見られました。自分がどのようなことを頑張ったのかということが、一目見てわかります。こうした投稿には、子どもたちの反応も多く、活発なコミュニケーションが生まれていま

した。おそらく、学校で見られる友だちの姿とは違った一面だからかもしれません。右図では、夜ご飯に肉じゃがを作ったことを投稿しています。アク取りをしている様子から「主

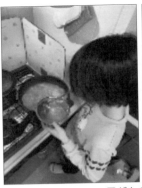

子どもの投稿例

婦みたい」というコメントもありました。また、教員からの「じゃがいもやにんじんもやわらかく煮られたかな？」という質問に対して、「味付けの前にレンジでチンをする」という返事をしていました。肉じゃが一つをとっても、家ごとに様々な工夫が見られて、家庭科の学習としての深まりも感じられました。

例②「映え写真」を狙った投稿

自分の作った料理を少しでもよいものに見せるように、いわゆる「映え写真」を狙った投稿が多く見られました。家庭科とは異なりますが、「アップとルーズ」といった撮影方法、光の加減や加工などについても学ぶ機会となりました。

特に話題となった「映え写真」は、右図の「いちご飴」です。2019年、若者の流行の発信地の原宿竹下通りで、「いちご飴専門店」が話題となりました。小学生の子どもたちも、テレビで見たりお店で買ったりするなどして、身近に感じているようでし

いちご飴の投稿

52

た。こうしたスイーツが流行する理由の一つに、写真映りがよいかという点があります。写真を投稿した子も「並べ方でも少し気持ちが変わる」とコメントしていました。

例③給食メニューの再現

子どもたちにとって、休校で失ってしまうものの一つとして、学校の給食があります。栄養教諭が、毎月配付していた「食育だより」に、本校の給食の名物の一つである「ふしょう(附小)コロッケ」のメニューを掲載していたことがありました。これを読んで、家族で作ってみたという投稿もありました。

投稿した子どもからは、「みんなと一緒に食べたかったなぁ」とコメントしつつも、「給食員のみなさんは、いつもこんな

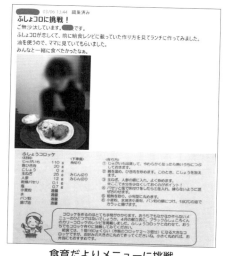

食育だよりメニューに挑戦

に手間をかけて作ってくださっていたんだなぁと感謝です」と書いていました。

家庭科の学習としての深まりについては、教師がコメントで質問したり価値づけたりすることが重要であると考えられます。**グループウェアを活用することで、投稿やコメントがいつでもできるため、子どもたちが主体となって学習に取り組む姿が多く見られました。**

このほかに、児童同士のコミュニケーションの深まり、写真撮影や投稿などのメディアリテラシーの育成、作り手の思いを見直すことなど、様々な意義が見出せました。

(小池翔太・古重奈央)

実践8 「カンパイ！」バースデーカード

使用するアプリ＆使用する機能

アプリ：ロイロノート・スクール

機能：カード、提出箱

●子どもが生活の中に楽しさや喜びをもてるように

　休校により、気持ちが滅入ることも多い子どもたちに、健康観察や授業だけでなく、特別活動面の遠隔交流もすることで、楽しさや喜びが生まれ、少しでも生活が豊かになるのではないかと考えました。

　そこで、２月まで学級でバースデー係によって行われていた「誕生日乾杯！」「誕生日お祝いカード」を合体させた遠隔活動版を、３月の休校時に、担任から提案しました。

　この時、６年生は遠隔授業の実施のため、学年全員が学校のタブレット（iPad）を持ち帰っていました。また、以前から授業でロイロノート・スクールを多く活用してカードの書き込みや提出には慣れており、この活動はスムーズにできることが予想されました。

●こんなふうに実践しました！

バースデーカード　教師の提案と子どもたちのアイデア

　「休校によって３月生まれのＵくんやＮくんのカンパイを教室でできなくなった。そこで、ロイロノート・スクールのカードでカンパ

子どもたちからのバースデーカード

イをして、バースデーをお祝いしよう」と呼びかけてそれぞれの提出箱を設置しました。すると、子どもたちから次々と「カンパイ！　おめでとう」の言葉やたくさんのキャラクターなどが描かれたカードが届きました。担任としては、文字でみんなが伝えればよいというくらいの気持ちでしたが、子どもたちが作成したカードは、予想を遥かに超えてアイデアにあふれていました。デザイン豊かで、2人が喜びそうなものが多くありました。

回答共有で心の交流

　相手からのカードを見られるよう、ロイロノート・スクールの提出箱にある「回答共有」をオンにして、互いにカードが見られるようにしました。誕生祝いをしてもらった子どもは、最後にみんなへのお礼を書いて提出し、温かい心の交流が生まれました。**また、その日の振り返りカードには、この活動のよさを多くの子どもが書いていました。**

　やはりオンラインでも、心のつながりが何よりも大事だと強く感じます。

（西尾　環）

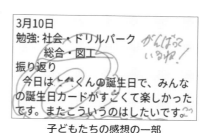

子どもたちの感想の一部

実践9　オンライン体育で汗をかこう！

使用するアプリ＆使用する機能

アプリ：ロイロノート・スクール（事前から使用済み）

機能：カードを送る・提出箱に提出する

●子どもの運動不足を解消したい

　オンライン学習に取り組むにあたり、一番不安なことが、子どもの運動不足でした。その運動不足を解消するために、この実践に取り組みました。ただ単なるトレーニングではなく、室内で、なおかつ1人ででき、道具も使わない楽しい運動を考え実践しました。

●こんなふうに実践しました！

　本実践は、**教師が事前に撮影した動画**を児童に配信することで進めました。

①**ストレッチをしよう**

　家庭の中では、なかなか体を動かす機会がない子どもが多数います。そのため、まずは簡単なストレッチから行いました。

　今回は、後半で下半身のトレーニングに取り組む予定でしたので、下半身のストレッチを数種類行いました。

　ストレッチの中に、体が柔らかくなるポイントや、バランスゲームなど子どもが楽しめる要素を取り入れました。

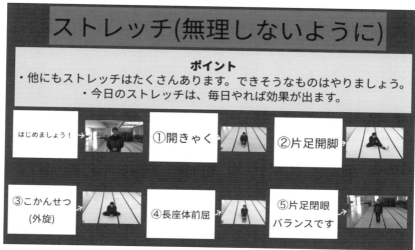

ストレッチの説明資料

ストレッチ(無理しないように)

ポイント
・他にもストレッチはたくさんあります。できそうなものはやりましょう。
・今日のストレッチは、毎日やれば効果が出ます。

はじめましょう！→
①開きゃく
②片足開脚
③こかんせつ（外旋）
④長座体前屈
⑤片足閉眼バランスです

ストレッチの内容は、インターネットや書籍で簡単に調べることができます。

動画を配信するため、うまく見ることができない子どもへの配慮は大切です。今回は、ストレッチの内容を写真や文字、ウェブ資料など、動画以外でも取り組めるような準備をしておきました。

ストレッチの写真

②動かないトレーニング（アイソメタリック）をしよう

誰もが自分の体力に合わせた運動を目的として、アイソメタリックを取り入れました。アイソメタリックとは、簡単にいうと「動かないトレーニング」です。このトレーニングは怪我をしにくく、筋肉痛にもなりにくいため、全学年で取り組むことができます。日頃なかなか

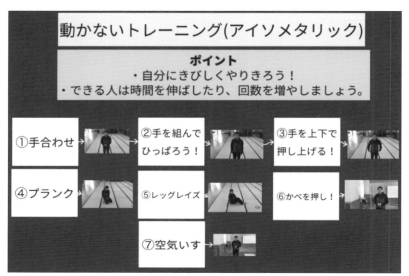

動かないトレーニング(アイソメタリック)

ポイント
・自分にきびしくやりきろう！
・できる人は時間を伸ばしたり、回数を増やしましょう。

①手合わせ

②手を組んで
ひっぱろう！

③手を上下で
押し上げる！

④プランク

⑤レッグレイズ

⑥かべを押し！

⑦空気いす

動かないトレーニングの資料

運動に親しめていない子ど
もでも、無理なく取り組む
ことができます。

　このトレーニングも、イ
ンターネットなどで調べる
と、たくさんの例が出てき
ます。

ポーズの紹介写真

③走力を高める運動

　このトレーニングは、動きのある運動です。子どもたちにこのトレー
ニングを提示する際に「走力を高めよう＝50メートル走のタイムを
あげよう」というめあてを提示しました。めあてを提示することで、
子どもたちの運動意欲を向上させることができます。

　腕立て伏せの体勢から、足を前後にスライドさせる「脚入れ替え」
やバービージャンプなど、真剣に取り組むと汗だくになる動きのある
運動にしました。

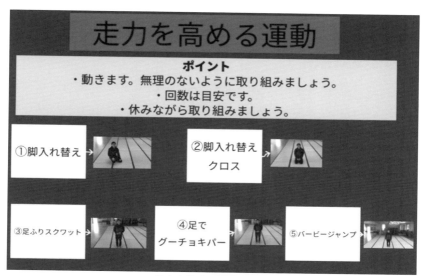

走力を高める運動の資料

④まとめ

　今回の実践では、道具を使わず１人でできる、寝転んだぐらいのスペースでできるということを第一に取り組みました。家庭で行えるその他の運動としては、「タオルを使った運動」「曲に乗って踊る」「なわとび」などがあります。動画を撮らなくても、写真や文字、ウェブ資料でも課題を出すことができます。家の中でも運動に親しめる体験をさせたいですね。

> ふりかえり
> 今日は5年生初めての体育の授業でした。私はできれば学校でやりたかったけれどオンラインを通しても楽しいということが分かりました。1個目の運動(ストレッチ)では習い事のダンスで今日もやっていたことなので楽しかったし長座体前屈の記録を伸ばす方法は教えてもらったことがなかったのでそのとうりにやったら手が足の爪先を超えて地面に手がつきました。2個目の運動はとても手が痛くて、でも面白かったです。3つ目の運動では走力を上げる方法をずっと探していたので教えてもらってうれしかったのでできるときにやろうと思いました。また、バービージャンプが1番楽しかったです。オンライン授業でやりたいことは2つあります。1つ目「リズムどり」です。なぜならいつもダンスの時にやっていて体全体を使うし普段硬い場所でも気付いたら少しだけ柔らかくなったりしているからです。2つ目は「みんなで知っていることを共有してやってみる」です。なぜなら先生がもっと柔らかくなる方法を言っていないものでのやわらかくなる方法があるからです。なのでこの2つはみんなでもやってみたいです。

子どもの振り返りから

（山口　翼）

タイプ2　子どもと楽しむことを共有する

実践10 創造性を
のばす図工授業
「モノモノクイズ」

使用するアプリ＆使用する機能

アプリ：Zoom、ロイロノート・スクール
機能：ビデオ会議、写真・提出・共有機能

● **身近なモノの見方を変えよう！**

　突然の臨時休校・自宅待機になったことで、子どもたちは不安な日々を過ごしています。そうした中だからこそ、「身近なモノの見方（みかた）」を変え、気持ちを変えていくことで、少しでも楽しく心穏やかになれるようなきっかけを、オンライン授業（図工）を通して提案できればと思い実践をしました。5年生での実践の様子を紹介します。

● **こんなふうに実践しました！**

①「身のまわりのモノ」を観察し、それがどういう形に見えてくるかをイメージ（想像）します。

②見つけてきたモノを「ロイロノート・スクール」で写真にとって、その上にヒントの描写を加えながらクイズの形にします。その時間内にできなければ、授業後も制作していいこととしました。

③ロイロノート・ス
　クールの提出機能を使
　い、全員の作品を相互
　鑑賞しました。授業後
　もいつでも鑑賞できる
　ようにしておきまし
　た。

どんな形に見えるかな？

　それぞれの「身近なモノ」からイメージした形を、クイズの形にし
て共有することで、楽しみながらそれぞれの発想・想像を味わうこと
ができました。目に見える交流は少ないかもしれませんが、**子どもた
ちは友だちの作品を見て、追加で作品をつくっている様子が見られま
した**。一人１つではなく、２つも３つも作っています。

子どもたちの作品

　学校で多様なモノを集めるには限界がありますが、在宅でそれぞれ
の家庭で過ごしているからこそ、様々なモノを探し出すことができ、
バリエーションあふれるクイズが生まれ、交流することができました。

（吉金佳能・百瀬剛）

実践11 創造性をのばす図工授業「１枚の紙から」

使用するアプリ＆使用する機能

アプリ：Zoom、ロイロノート・スクール

機能：ビデオ会議、写真・提出・共有機能

● １枚の紙からイメージを広げよう！

　オンライン授業で制作をする場合、それぞれの家庭での制作環境や道具などがそろっていないことが理由で、どんな課題にするか悩んでしまうこともあるかもしれません。でも、いろいろな材料や道具など、同じものを多くそろえなければ作品はつくれないのでしょうか。

　この授業は「たった１枚の紙」と「ハサミ」だけを用意してもらいました。課題名は「１枚の紙から」とし、この１枚の紙でどんなことができるのか？　どんなバリエーションの作品が生まれるのか？　ということを目的としました。６年生での実践の様子を紹介します。

● こんなふうに実践しました！

① 　「A4の紙」（なければどんな紙でもいいです）と「ハサミ」を用意してもらいます。

② 　課題説明「１枚の紙」からどんな作品（表現）が発想できるか？　子どもたちは、さまざまなつぶやきをしながら作業を進めていきます。

1枚の紙で何ができる？	オンラインでつながる子どもたち

③　できた作品をロイロノート・スクールに提出。「回答共有」して
　相互鑑賞します。授業後もいつでも鑑賞できるようにしておきまし
　た。

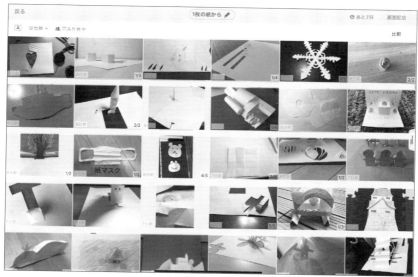

子どもたちの作品

　「1枚の紙しか使わない」という材料の制約があるからこそ、それ
ぞれの「発想力」が発揮され、それを交流してもらうことで、個々の
考え方が広がっていく学びが育まれる機会となりました。

（吉金佳能・百瀬剛）

実践12 NHK for School 社会・理科を見て問いづくり

使用するサイト・アプリ&使用する機能

サイト・アプリ：NHK for School、ロイロノート・スクール
https://www.nhk.or.jp/school/
機能：web カード (NHK for School)、提出箱

●知識を得て問いをつくるきっかけを

NHK for School には豊かな動画資料がそろっています。番組動画の Web カードを送ることで、子どもたちが知識を得たり「問い」を出したりするきっかけをつくり、自分で学習を進められるようにしました（4年理科、5年社会）。

●こんなふうに実践しました！

家庭学習で、教師から与えられたプリントをこなすだけでは楽しくありません。教科書を読んで穴埋めを行うようなワークシートでも、一応知識を得ることができます。でも本来学びというものは、「気になる」「どういうことだろう」という「問い」が生まれることによって始まります。

教室で子どもたちと共に授業をしていれば、教師が発問する場面が多いでしょう。授業中でも「どのように問いかけようか」と考えてきたのではないでしょうか。子どもたちの学びの様子や表情が見られな

い中で、その時の状況に合わせてよりよい発問を考えていくことは難しいです。

　そこで、動画によって子どもから「問い」が生まれるきっかけをつくります。たとえば、NHK for School には、「4年生理科」と検索するだけで8種類の番組が表示されます。どれも魅力的な内容なので、何を見ればよいか悩んでしまいます。これら番組の内容は以下のように分類することができます。

　この中から「どれが子どもたちにとってよりよい学びにつながるか」と考えて選びます。遠く離れた場所で学習をしていても、一緒に同じ番組動画を見ることで、共に学び合うきっかけが生まれます。

- ●自分だけでは実験できないもの
- ●問いを残すもの
- ●議論が生まれるもの
- ●ものの見方・考え方を学ぶもの

　4年理科「自然の中の水」の単元では、子どもたち一人ひとりが家で実験したことを共有した後に、2種類の番組（「不思議大調査」「ふしぎエンドレス」）を視聴しました。自分たちが明らかにしたこととつながる内容もあり、視聴することによって新たな発見や「問い」も多く生まれたようです。

水蒸気を集める装置

たとえば左の写真のような地面の上にビニールを敷いた装置で水蒸気を集めることなんて子どもたちにはできません。だからこそ、そのすごさに驚いたり、新たな「問い」が生まれたりします。また別の番組（「ふしぎエンドレス」）では、結露について最後に「問い」

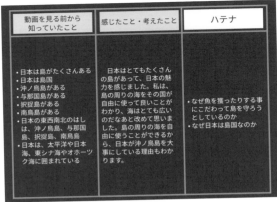

動画を見る前から 知っていたこと	感じたこと・考えたこと	ハテナ
・日本は島がたくさんある ・日本は島国 ・沖ノ鳥島がある ・与那国島がある ・択捉島がある ・南鳥島がある ・日本の東西南北のはしは、沖ノ鳥島、与那国島、択捉島、南鳥島がある ・日本は、太平洋や日本海、東シナ海やオホーツク海に囲まれている	日本はとてもたくさんの島があって、日本の魅力を感じました。私は、島の周りの海をその国が自由に使って良いことがわかり、海はとても広いのだなあと改めて思いました。島の周りの海を自由に使うことができるから、日本が沖ノ鳥島を大事にしている理由もわかります。	・なぜ魚を獲ったりする事にこだわって島を守ろうとしているのか ・なぜ日本は島国なのか

動画を見る前後の考えを整理

が生まれるような終わり方でした。日常生活とつなげて考えることもできるでしょう。

　事実だけを見せたいのであれば、クリップ集も有効活用することができます。最初は教師がその存在を教える必要がありますが、徐々に自分たちで必要な知識を得るために活用していけるようになります。

　また、5年社会「世界の中の国土」の学習では、NHK for Schoolの「未来広告ジャパン」の「日本の国土を調べよう」のWebカードを送って、番組を視聴できるようにしました。ただ単に、動画を視聴するのではなく、「動画を見る前から知っていたこと」「感じたこと・考えたこと」「ハテナ（気になったこと）」と、自分の考えを整理できるようにしました。整理の仕方を共通のものにしておくことによって、子どもたちも自分の考えと友だちの考えを比べやすくなります。

　実際に、子どもたちからは以下のような「問い」が生まれました。

●どうして750億円もかけて沖ノ鳥島を守るのだろう。

●そんなにも大切なレアアースって何だろう。

●山脈はどうやってできたのかな。

●日本にはどうしてこんなにも島が多いのだろう。

ハテナをもとに調べて考えたこと
私は友達のなぜ日本で1番東の島なのに「南」という字が入っているのか？というハテナが気になり、自分のハテナにして考えたり調べたりしました。始めに、頭を柔らかくして考えてみました。ですが、なかなか思い付かず、調べてみることにしました。私は、Yahooの知恵袋やWebで沢山調べてみました。ですが、考えた時と同じようになかなか答えが見つかりませんでした。その時に、自分のハテナについての交流を行いました。そしたら、私と同じハテナを解決している人がいました。その人はどうやってこのハテナを解決したのかは分かりません。ですが私は、このハテナを解決したことをうつさせてもらいました。そして、私はハテナの答えを理解して解決できたということです。このことから、自分が知りたいことは自分一人じゃ見つかりにくく、他の人との交流などで解決できるのだと考えました。

子ども自身による振り返り

　こうした「問い」を提出箱で共有することによって、1人では思い浮かばなかった「問い」に出合います。「問い」を共有することによって、「気になる」がどんどん広がっていきます。

　教室では、子どもたちのつぶやきから自然にこうしたことが起こっていたはずです。遠く離れた場所にいても、こうした場をつくることによって、お互いの「問い」が共有されていきます。

　「問い」が生まれたら、追究する時間を設けます。教科書、資料集、本、お家の人…など、調べる方法はたくさんあります。追究後には、提出箱を共有することで、お互いが整理したものを見合う時間も設けます。

　整理したことを見合うことで、また新たな発見や「問い」が生まれます。また、「どうすればその情報に出合えたのか」という調べ方も学んでいくことができます。

　理科、社会共に、同じ番組を見ているからこそ、話題が生まれ、「問い」や考えを共有しやすくなります。子どもたち自身も「共に学んでいる」という感覚を持ちながら、自分で学習を進めていくことができたようです。

（若松俊介）

タイプ3　既存のコンテンツを使った課題を出す

実践13　NHK for Schoolの みんなの レビューの活用

使用するサイト・アプリ＆使用する機能

サイト・アプリ：NHK for School「おうちで学ぼう！みんなと学ぼう！みんなのレビュー」（以下「みんなのレビュー」と表記）

　https://www.nhk.or.jp/school/ouchi/minna/

（リンク変わる可能性あり）

Microsoft Teams

機能：動画教材の視聴、写真や動画の投稿

●自分のペースで主体的な学びができるように

　NHK for School の番組は、子どもたちの興味関心を引き出すような様々な演出などの工夫があります。それだけでなく、新学習指導要領を踏まえて、番組中にあえて答えを提示しないなど、「主体的・対話的で深い学び」を促すような仕掛けもあります。こうした映像教材を、オンライン授業で活用する事例は多くみられますが、番組を見た感想などはプリントに書いたり、学級内で提出したりして終わってしまうことが多いと考えられます。

　そこで今回は、NHK for School の特別企画「みんなのレビュー」を活用して、自分のペースで様々な番組と出合い、主体的な学習を促すことを目指しました（各教科等）。

●こんなふうに実践しました！

　本校で導入している Microsoft Teams 上で、「みんなのレビュー」の紹介を以下の図のように 3 〜 6 年生の児童に伝えました。

小池 翔太 03/12 10:49

【中高学年のみなさんへ】NHK for Schoolで「チームズ」みたいな新企画が本日スタート！
NHKの番組を「NHK for School」いうインターネットで見られるのはみなさんも知っていると思います。
その新企画について、小池先生からお知らせをさせてください。

■全国版「チームズ」が本日スタート！
先ほどNHKから、「みんなと学ぼう！」という新しい企画が発表されました！
https://www.nhk.or.jp/school/ouchi/minna/

こちらはこの「チームズ」のように、学習したことについてなんとNHKに送ることができます！
このサイトに、みんなの声が来週17日火曜から、こうかいされるとのことです！

いままでチームズで学習を上手に進めてきたみなさんです。
小池先生としては、ぜひこのNHKのサイトに附属小のみなさんの声がたくさん公開されて、全国のたくさんの同じ小学生の皆さんの学びにつなげられるといいなあと願っています。

まずは試しに、自分の好きな番組の感想を送ってみることから始めてみませんか？
もし送ったら、このチームズの書き込みに「返信」でその内容を報告してくれるととてもうれしいです●

児童に「みんなのレビュー」について紹介

　制作者へ番組の感想を届けたり、それがウェブサイトに掲載されたりするような場の価値を、子どもたちにも実感してもらいたいと考えました。家庭という閉じた空間での学習だけでは、「自分自身の学力向上のためだけに学ぶ」という発想に陥ってしまいがちです。自分が学んだことを世に発信することで、自分の理解を深めるだけでなく、他者の学びにも貢献することの喜びも味わってほしいと考え、このような課題提示をしました。

レビューの投稿方法

　スマートフォン・タブレット端末・パソコン等でインターネット環境があれば、レビューを投稿することができます。送り方は、①プリントに書いて写真を送る、②パソコン・スマホで直接入力する、の 2 通りあります。以下の URL「参加方法」にアクセスすると、次頁の図のように投稿するための画面に進むことができます。「すべての投稿

が紹介されるとは限りません」などの利用規約を確認した上で、投稿しましょう。
https://www.nhk.or.jp/school/ouchi/minna/about.html

投稿する画面

投稿の実際と児童の感想

投稿が紹介された際は、右図のようにレイアウトされた記事がウェブサイトに掲載されます。全国の教員やNHK スタッフからコメントがつくこともあります。

「みんなのレビュー」では、条件を絞り込んだ検索をすることができます。教科や書いた人の学年をはじめ、番組シリーズで絞れます。そのため、同じ動画を見た他者がどんな感想を持ったか、他者がおすすめしている動画は何か、友だちのレビューを読んで気になっ

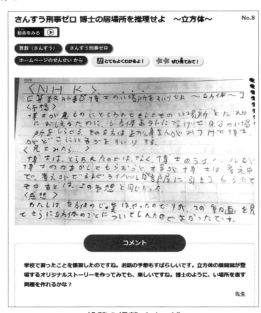

投稿の掲載イメージ

た動画を見てみる、などと考えることも期待できます。

本校で投稿した４年生のうち、掲載された児童は「やったー！」といった喜びのコメントを Microsoft Teams で報告してくれました。NHK スタッフから頂いたコメントについても、児童にとっては非日

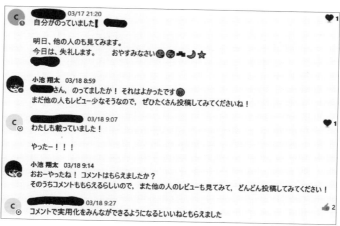

子どもたちの反応

常的な体験だったようです。それだけでなく、「他の人のも見てみます」のように、自分以外の同じ世代の他者がどのような投稿をしているかが気になるという感想を持った児童もいました。

実践を振り返って

　今回の実践は、特定の学級や番組で一斉形式のオンライン授業ではなく、自由課題として活用しました。こうした経験を行うことで、他の授業で NHK for School を活用した際、子どもたちが主体的に「『みんなのレビュー』に感想を投稿してみよう」と考えて、実行に移すことが期待できると思います。

　「みんなのレビュー」は、自身が投稿するという目的だけでなく、思わぬ形で番組と出合って学べる場としても機能しています。それは、書店の感想ポップが目に入り、試しに手に取ってみたらよい本だった…ということにも似ているかもしれません。

　本特別企画の「みんなのレビュー」は、まさに「主体的・対話的で深い学び」をオンラインで実現できる空間です。家庭でのオンライン授業も、家庭や学校を超えて「みんな」で学びましょう。

（小池翔太）

実践14 Google Classroomを連絡帳のかわりに活用

使用するアプリ＆使用する機能

アプリ：Google Classroom

機能：掲示板機能 (投稿・コメント機能)

●学習状況をみんなが共有できるようにしたい

　本校のオンライン学校において、Google Classroom は「連絡帳」の役割をしています。特に、毎日の学習内容と課題の共有に力を発揮しています。オンラインという特質上、ネットワーク環境の問題ですべての授業に参加できない児童も出てきます。

　その時に、どんな学習をして、どんな課題が出たのか、情報を集約する掲示板が必要でした。本校では、全学年、学年

クラスごとの掲示板

ごとのクラスを作成し、運用しています。

●こんなふうに実践しました！

　教師は、毎日の学習内容と課題を投稿します。子どもたちは、この

掲示板を毎日見ることになっています。投稿に対して、子どもは自由にコメントもできます。オープンでコミュニケーションをとることによって、子ども同士で教え合う姿も見られています。

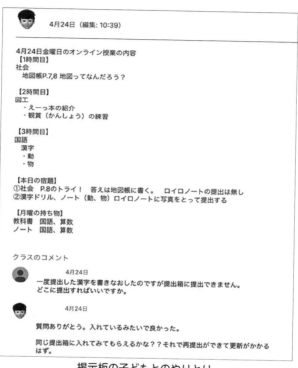

掲示板の子どもとのやりとり

　学校と家庭の連絡は、メールで行っている学校が多いと思います。オンライン学校になって困ったのは、学校と子どもの連絡でした。
　課題がわからない場合、課題について質問がある場合など、ちょっとしたこともメールを使い保護者を通して行っていると、毎日のメールや電話対応が増えていきました。こうした学習掲示板があることで、連絡帳代わりになり、学校と児童だけではなく、保護者とも円滑に情報共有できることにつながっています。

（吉金佳能）

実践15 Google Classroomで子どもの意見集約

アプリ：Google Classroom

機能：掲示板機能 (投稿・コメント機能)

● 子ども同士の考えを可視化できるようにしたい

　Google Classroom を掲示板、課題の提出箱としてだけでなく、子どもの意見集約にも活用しています。今回は、クラス替えがあった5年生の実践「どんなクラスにしたい？」を紹介します。

　3月から続く休校で、オンライン上での顔合わせとなった子どもたちですが、新しいクラス、新しい先生に、大きな希望を抱いています。学校再開後に、安心して学校に登校できるように、子どもたちの考えを可視化し、交流しました。

● こんなふうに実践しました！

　クラス替えのあった5年生の学級開きは、オンラインでした。クラスメイト、担任の私 (蒔田) ともオンラインで対面しました。自己紹介カードを作って、いくつかのグループに分かれて交流しました。

　その後に、クラスのことを話していく時間をとりました。どんなクラスにしたい？　をテーマに、Zoom で交流しながら話し合いをしました。その後に、自分の考えを Google Classroom を使って、言

語化しました。

Google Classroom を使うと、オープンな場で実名で考えを表明することができます。他の子の考えも見ることができ、それが自分の考えを深めることにつながっていると感じられます。自分のタイミングで提出することができるのも、

課題の詳細　　　生徒の提出物

期限: 4月13日、23:59
理想のクラス

理想のクラスを考えてみましょう！こんなクラスなら、学校に行きたくなる！もう帰れない！というようなクラスを考えて下さい。できるだけ具体的なのがいいです。ただし、そんなクラスにするために、「あなた自身はどんな貢献が出来るのか」も具体的にかいてください。文字数は120〜150文字です。しっかりと考えて書いてね。

クラスのコメント

 ■■■■ 4月13日
1人1人が優しい心、あきらめない心などを持ち、楽しさがあふれたクラスです。
そのために、私は、1人1人に心配りをして、みんなが笑えるようにしたいです。
4年松組では、前期学級委員をしていて、クラスをまとめる事にはげんできました。
その事から、いろいろな事が学べました。それを生かそうと思います。

 ■■■■ 4月13日
これからの竹組では誰かが困っている時にはすぐに助けてあげるような協力出来るクラスにしたいです。そうすることで団結力が高まり運動会などのイベント等でもスムーズに行動できると思います。その団結力を発揮する為には自分自身でも意識して進んで困っている人を助けたりすることが大切なのでそれが出来るようになりたいです。

 ■■■■ 4月13日
僕が思う理想のクラスは、誰も違反をせずに面白くて協調性がありメリハリのあるクラスです。
そして自分が何をできるかと言ったら、例えば廊下を走らないで、使ったボールはちゃんと戻すなど当たり前のことをまずは心がけていろんなことにみんなで協力しながら挑戦していきたいと思っています。

■■■■■ 4月13日
どんな時も励まし合い、共に成長していけるクラスが理想です。失敗したとしても落ち込まず、何故失敗したのかをみんなで考え、意見を出し合って解決していけるクラスでありたいです。宝仙祭など上手く進まない時こそ5竹みんなで知恵を出し、励まし合い、成功へ繋げられるそんなクラスを目指したいです。まず、自分が今何が出来るか常に考え、それを率先して行動出来るよう頑張りたいです。

子どもたちから出た意見

よいところだと考えています。

　教師側にとっても、出されたものを二次利用しやすいという利点があります。今回出されたものは、学級通信に載せ、保護者とも共有しました。

　休校期間中も、オンラインで学級通信を発行しています。こうした状況だからこそ、子どもたちの考えを可視化し、オープンに共有することが、子どもたち、そして保護者に安心を与えることにつながっていると感じています。

（吉金佳能・蒔田紀彦）

タイプ4　メッセージをやりとりする

実践16　全学年で取り組める子どもの学習把握

使用するアプリ&使用する機能

アプリ：ロイロノート・スクール（事前から使用済み）

機能：写真を撮る・動画を撮る・カードを送る・提出箱に提出する・
共有する・返却する

● 休校中の子どもの学びを把握し、サポートする

　「休校中子どもたちの学びをどのように把握すればよいか」これが
今回の課題でした。そこでこの課題を解決する手立てとして、この実
践に取り組みました。実践する際に気をつけたことは、すべての児童
が取り組めるようにすることです。基本的には学校から児童に与えた
課題の進行状況の確認に活用しました。

　本実践は、5年生の児童中心に行いましたが、1～6年生の**すべて
の学年**で取り組むことができますので、参考にしてください。

● こんなふうに実践しました！

実践の方法

　本実践は、子どもたちの家庭での様々な取り組みを、教師が把握す
るために行います。

　これから紹介するすべての実践は**すべて同じステップ**で行うことが
できます。まず、そのステップを次に示します。

ステップ1「課題をつたえよう！」：どのような課題に取り組み、提出すればよいのかを伝えます。その際、学校のメールシステム、ホームページ、ロイロノート・スクールなどを活用し、子どもたちに伝えます。そのときに、期限や提出方法なども伝えると、子どもたちがスムーズに取り組むことができます。※課題例は後ほど挙げます。

ステップ2「提出箱を作り、提出させよう！」：ロイロノート・スクールに提出箱を作り、子どもたちが課題を提出できるようにします。この時に、「提出箱の名前」「期限」を明確にしておくと、わかりやすくなります。

ステップ3「子どもの提出物をチェックし、返却しよう」：子どもたちから提出されたものに、教師がコメントをして返却します。これは、オフラインの時と同様に、コメントや丸付けをして返却します。※ロイロノート・スクールの「返却」の機能を使います。

例①プリント学習やドリル学習に取り組もう！

　子どもたちが、家庭で取り組んだプリントやドリルがあれば、**写真を撮って**提出してもらいます。学校で配付したプリントやドリルがあれば、それらに取り組んでもらうのがよいと思います。提出されたものは、教師がチェックをして、返却します。こうすることで、これまで通り子どもが直して再提出することができます。

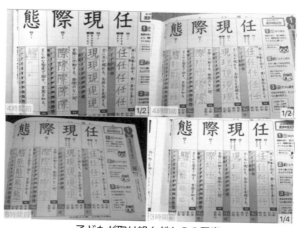

子どもが取り組んだものの写真

ポイント！

● 家庭に写真を撮ることができる端末があれば実践できます。

● 低学年の場合は、保護者の方に協力をしてもらうと、うまくいきやすいです。

● 写真の撮り方や、向きなども事前に伝えておけるとよいです。

● 同じような学習課題すべてで活用できます。

例②春見つけをしよう！

　これもカメラ機能を使った実践です。子どもたちに、「春を感じる写真を撮りましょう。」と課題を与えます。それらの写真を提出させ、交流することで、家庭にいながらでも春を感じることができます。低学年であれば、生活科の学習と関連させて行うこともできます。

ポイント！

● 学年に合わせて、保護者の方に協力を求める必要があります。

● 学年によっては、写真に書き込んだり、ポスターのようにデザインさせたりすることもできます。

● カメラで記録するという視点で考えると、春見つけの他にも、「雲の観察」「生き物の観察」などの観察学習、図工の作品提出、「朝ごは

春見つけの写真

ん紹介」「好きなもの紹介」などのコミュニケーションツールなど、多岐にわたる活用ができます。

例③自己紹介をしよう！

動画機能や、録音機能を使った実践です。子どもたちに自己紹介動画を撮らせ、提出させます。「提出箱の共有」をするこ

子どもたちの自己紹介画像

とで、友だちの自己紹介をいつでも見ることができます。子どもたちは、友だちの姿を見たり、声を聞いたりすることで、安心感を覚えたり、前向きにオンライン学習に取り組めたりするようになります。オンライン学習に慣れてきた頃に、ぜひ取り入れて欲しい学習です。

ポイント！

- 事前に教師が手本を示すことができるとよいです。
- 動画撮影に抵抗がある子どもに対して、音声のみの録音機能の活用でもよいことを伝える配慮をしましょう。
- 同じ機能を使うことで、リコーダーや鍵盤ハーモニカ、歌唱などの音楽の学習、スピーチや音読の録音など、幅広い学習に取り組むことができます。

大切なことは、子どもへの配慮です。つまずきを想定して、課題を配付しましょう。また、提出された子どもの学習には、必ずコメントをして返却しましょう。返却できない場合でも、ホームページやメールシステムなどで、子どもの頑張りを報告しましょう。

（山口　翼）

実践17　理科の実験・観察結果の共有と交流

使用するアプリ＆使用する機能

アプリ：ロイロノート・スクール
機能：テキストカード送受信

●交流して理解を深める場をつくりたい

　個別に行った実験や観察結果の考察を整理したものを互いに見合った上で、質問したり、考えを伝えたりすることで、自分の考えや理解をより深められるようにしました（4・5年理科）。

●こんなふうに実践しました！

　4年理科「自然の中の水」で行う水の蒸発や空気中の水蒸気を確かめる実験は、各家庭でもできることが多いです。そこで、教師から実験方法について説明した上で、一人ひとりが家で実験と観察を行い、わかったことや考えたことをタブレットPC上で整理しました。次頁の写真は、「水が空気中に出ていくかどうか」を調べる実験を整理したものです。一人ひとり、違った場所で実験を行っているので、自然と「他の人はどうだったのだろう？」「みんなとこんなことを考えてみたい」という疑問や考えが生まれました。そこで、お互いが整理したものを読み合う時間を設けました。ただ単に「読んで終わり」にするのではなく、テキストカード送受信機能を活用して、感想や気になっ

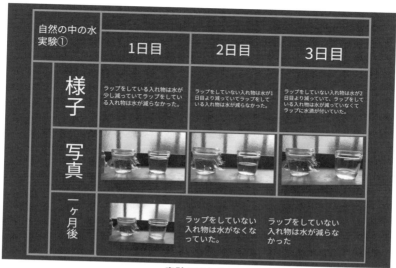

自然の中の水 実験①	1日目	2日目	3日目
様子	ラップをしている入れ物は水が少し減っていてラップをしていない入れ物は水が減らなかった。	ラップをしていない入れ物は水が1日目より減っていてラップをしている入れ物は水が減らなかった。	ラップをしていない入れ物は水が2日目より減っていて、ラップをしている入れ物は水が減っていなくてラップに水滴が付いていた。
写真			
一ヶ月後		ラップをしていない入れ物は水がなくなっていた。	ラップをしていない入れ物は水が減らなかった

実験のまとめ

たことを伝えられるようにしました。交流当初は、

- へぇ、そうなんだ！
- すごく上手に整理できているね。
- ぼくもそんな結果になったよ。

といったコメントが多かったです。こうしたテキストカードを使って

やり取りをすることがはじめてだったので、どう書いて送ったらいいのかもわからなかったのだと思います。しかし、徐々に右の写真のように今回の実験から考えられることを深めるきっかけになるコメントを送り合うようになりました。

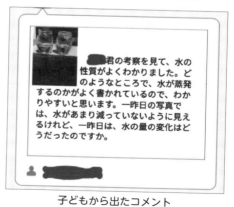

■■■君の考察を見て、水の性質がよくわかりました。どのようなところで、水が蒸発するのかがよく書かれているので、わかりやすいと思います。一昨日の写真では、水があまり減っていないように見えるけれど、一昨日は、水の量の変化はどうだったのですか。

子どもから出たコメント

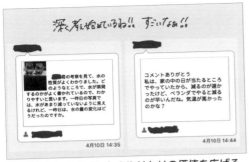

深く考え始めているね!! すごいなぁ!!

○○君の考察を見て、水の性質がよくわかりました。どうするのかがよくわかったるところで、水が蒸発するのかがよくわかりやすいと思います。一日目の写真では、水があまり減っていないように見えるけれど、一昨日は、水の量の変化はどうだったのですか。

コメントありがとう
私は、家の中の日が当たるところでやっていたから、減るのが遅かったけど、ベランダでやると減るのが早いんだね。気温が高かったのかな？

4月10日 14:35　　　　　4月10日 14:44

子どもたちのコメントのやりとりの価値を広げる

ただ、はじめは一部の子しかこうした交流ができませんでした。そこで、左の写真のように、価値を広げるテキストカードを全体に送ることによって、他の子も「こんな風に送り合えばより学べるなぁ」と学ぶことができるようになりました。

こうした交流を通して、ただ単に教科書に載っているような実験を行うだけでなく、水がなくなるまで観察したり、水を入れたカップをいろいろな場所に置いてみたり…と自分で工夫しながら更に追究していく子が出てきました。コメントを送り合う中で、新たな「問い」が生まれたのでしょう。

5年「天気の変化」では、雲の様子を5日間観察する学習があります。ここでも、一人ひとりが観察して考えたことを次の写真のようにタブレットPC上で整理しました（今年度からの教科書には、タブレットPCを使った観察方法も記載されています）。

空の観察	雲の写真	考えたこと	気になったこと
4/17		この時間は曇っていた。この時間のちょっと前に、雨も降っていて太陽は出ていなかった。	雨が降ってからしばらくしたら、こんな空模様になることが多いけど、この雲は何という雲なのか。
4/21		びっくりするぐらい晴れていて、雲1つない晴天だった。でも太陽がガンガン照りつけているっていう感じじゃなくて、夕方だからかもしれないけど涼しかった。	雲が多いときは、太陽が隠れているから気温が低いけど、太陽が隠れていないのに、気温が低くなることがあるのはなぜか。
4/22		昨日よりも雲が増えて、青空の方が少ないくらいだった。でも雲はそんなに分厚くなかった。夜には流星群がでるらしい。	昨日から、1日で雲が一気に増えたけど、1時間で最大どれくらい雲が増えたことがあるのか。

空の観察のまとめ

そこで、「自然の中の水」での学習と同じように、お互いが整理したものを見ながら、お互いにコメントを送り合えるようにしました。今回は、「だれでも送っていい」のではなく、私がグループを作

82

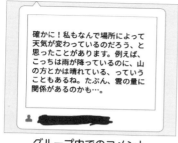

確かに！私もなんで場所によって天気が変わっているのだろう、と思ったことがあります。例えば、山の方とかは晴れている、っていうこともあるね。たぶん、雲の量に関係があるのかも…。

グループ内でのコメント

成して、その中でコメントを送り合えるようにしました。「だれでも」だと、コメントをもらえない子も出てきてしまうからです。

　子どもたちはお互いが整理したものを見合いながら、どんどん気になったことや考えたことを伝え合います。5日間観察のうち、3日目にこうした中間報告会を行ったことによって、残り2日間の観察の視点を増やすことができました。

　子どもたちから出てきた「問い」は、

- どうして雨がふる時には、黒っぽい雲になるのだろう。
- 雲は西から東に動いているように見えるけど本当かな。
- 風がない時でも雲が動いているけどどうしてだろう。

といったものでした。こうした「問い」をもとに、改めて雲の観察をしたり、気になったことを調べたりしたものをタブレットPC上で下記の写真のように整理しました。

　最終報告会では、3日目の中間報告会と同じグループで交流できるようにしたことで、「これは解決したよ」「ここはまだ気になっているんだけどどうなった？」という交流が見られました。こうした学習を通して、「交流することで見方が広がり、考えが深まるよさ」を子どもたち自身が改めて実感できたようです。

（若松俊介）

「振り返り」
今日は、みんなのハテナを聞き合ってそれを解決していったのだけれど友達の整理を見てびっくりしたこととかを送りあってしまっていて、ハテナを考える時間が少し短くなってしまったからあまりハテなを解決できませんでした。なのでまたこの班でハテナを解決して行きたいです。私のハテナは、天気は本当に雲の量だけでは決められているのかです。私が思うには、雲の量だけでは天気が決まらないと思います。だからもしも雲の量以外にも天気を決めるものがあるのであれば知りたいです。私は雲の分厚さじゃない感と思ったんだけれど、そういう分厚さを知る機会などあるのかなぁと思って悩んでいます。

子どもの振り返り

タイプ4　メッセージをやりとりする

実践18 ## ５年社会
「公害新聞づくり」で交流

使用するアプリ＆使用する機能

アプリ：ロイロノート・スクール

機能：カードを送る・提出箱に提出する・生徒間通信

●子どもの交流の生まれる授業にしたい！

　オンラインでの授業を続けていく中で、子ども同士の交流が生まれるような課題・授業づくりができたらと考え、この実践を考えました。また、新聞も単に見栄えよいものをつくるのではなく、やる中で教科ならではの見方・考え方が身につけられるよう、見方・考え方に関連した新聞づくりのポイントを示すようにしました。そのポイントをできる限り多く獲得していくように指示し、誰でも取り組めるようにしました。さらに子ども同士の交流もはかれました。

●こんなふうに実践しました！

　本実践は２時間構成です。

１回目のオンライン授業

①課題を提示します

　「あなたは新聞記者です。公害についての新聞記事を書くことになりました。見出しは決定しましたが、内容はまだ書くことができていません。内容を書いて、完成させましょう」というメッセージを送り、

参考図書：朝倉一民『主体的・対話的で深い学びを実現する！　板書＆展開例でよくわかる社会科授業づくりの教科書５年』（明治図書出版）

課題についての確認をします。このとき
に、右図のような新聞の型も一緒に送信
しておきます（本実践では、ロイロのカー
ド機能を使った新聞の型を使用していま
すが、紙の新聞の型を使用しても同様の
ことができます）。

　この新聞の型はアレンジしてもよいこ
とも確認しておきます。

子どもに示した新聞の型

② 新聞を作るポイントのカードを送ります

　以下の５点を書いたカードを送ります。【難】としたのは、できな
くても構わないという意味を込めてつけています。

【ポイント】

● 四大公害病の発生地域の特徴をまとめることができたら、１ポイント

● 四大公害病の原因、経過、解決などをまとめることができたら、１ポ
　イント

● 四大公害病の特徴をまとめることができたら、１ポイント

● 身の回りにある公害（ゴミの不法投棄、騒音など）や自分が住んでい
　る自治体の環境保全の取り組みについて書くことができたら、１ポイ
　ント

● 【難】公害における国や自治体、企業、住民の関係についてまとめる
　ことができたら、３ポイント

---

③ 新聞づくりスタート

　新聞づくりをするときは教科書・資料集を基本に、ネットで検索を
してもよいようにしました。

　途中で提出をするようにします。途中で提出するようにすることで、
緊張感を持つことができます。

そして、提出した新聞はお互いに見られるようにしておきます。「友だちの考えを見て、真似したいところは真似していこう」と事前に伝えておきます。

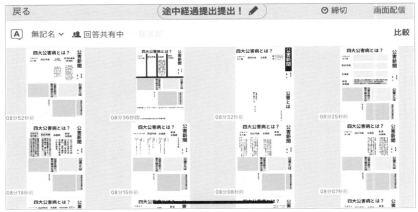
途中の子どもたちの新聞。授業最後に「現段階の新聞」を提出

2回目のオンライン授業

① 新聞の続きスタート

　最初に、「○○時○○分に新聞完成をすること」をメッセージで送り、新聞づくりをスタートします。完成時間の5分前に「まだもう少し新聞づくりに時間が欲しい人は、ピンクのカードを提出」というアンケートを取ります。本実践では、多くの子がピンクのカードを提出したため、完成時間を延ばしました。新聞が早く完成した子は、友だちの新聞を見ることにします。

②何ポイント獲得することができたのか自己評価

　1時間目に示したポイントを再度提示し、自分で新聞を見て、何ポイント獲得できたのか、点数を提出させます。授業後、教師もこのポイントでそれぞれの子たちが何ポイント獲得することができているの

かを評価するようにします。

③子どもたちの新聞を見合って、感想を送り合う

　子どもたち同士に送り合える機能「生徒間通信」も有効にしておきます。友だちの新聞を見て、「よかったところ・改善したらいいところ」を書いて送り合う時間を取ります。

子どもたちの作品

①振り返りを書く

　友だちからの感想を参考にして、新聞づくりの振り返りを書き、提出をしました。本実践では見方・考え方を働かせた新聞づくりができ、そして、結果的に活発な交流ができて、オンライン授業で安全に子ども同士で交流ができる手応えを感じました。

（樋口万太郎）

実践19 実体験をベースにした理科授業「花のつくり」

使用するアプリ&使用する機能

アプリ：Zoom、ロイロノート・スクール

機能：ビデオ会議、写真・提出・共有機能

●実体験を大事にして交流する

　理科のオンライン授業で、双方向を実現するためのキーワードは「実体験」です。体験するから課題が自分事になり、気づきや疑問が生まれ、交流につながります。

　在宅という状況下でも実施可能な実験を考え、それをベースに授業を組み立てていくことが、双方向授業の鍵となります。今回は、4年生で実施した理科「花のつくり」の実践紹介をします。

＊学習指導要領では5年理科の単元です。本校は独自カリキュラムのため、4年で実施をしています。

●こんなふうに実践しました！

⓪　事前準備として、花を1つ用意するように伝えました。

①　授業のはじめに、何の花を持ってきたかを「Zoomの名前」に書くよう指示をしました。何度かやっていたので、子どもたちは、スムーズに名前を変えます。名前がわからない場合は「？？」でよいことに

しました。ここでも、早速「それは〇〇という花だよ！」と交流する
姿も見られました。

② 花には４つの要素
（花びら、めしべ、お
しべ、がく）があるこ
とを伝え、本日の課題
「花をかいぼうして、
４つのパーツにわけて
みよう！」を共有し、
早速実験に取り掛かり
ました。

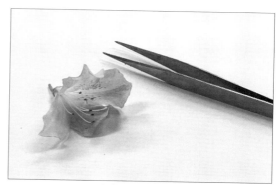

1人1つ花を用意

　今回は、用意する花を指定しなかったので、いろいろな花が集まり
ました。その分、さまざまな気づきや疑問が生まれます。

「なんかベトベトします」
「おしべもめしべもありません」
「花びらが多すぎで、とれません」

　解剖中に、そうした気づきや疑問が、つぶやきとして次々と共有さ
れます。そのような中で、自分の花との違いに目が向いたと感じてい
ます。

③ 解剖したものは、種類に分けてセロテープを使ってノートに貼り
ます。それを写真にとってロイロノート・スクールで提出し、全体共
有しました。それを眺めると、さらにいろいろなことに気がつきます。
その気づきをノートに書いて、１時間目は終了です。

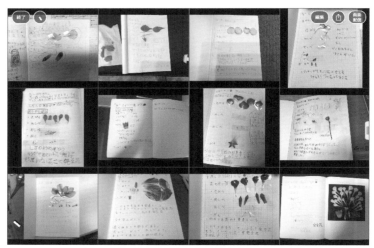

オンライン上で提出された子どもたちのノート

④　2時間目。ノートに書かれた意見を見返します。一見すると、花によって、まったく違うようですが、いくつかの共通点が見つかっていきます。共通点をキーワードに、意見を出し合います。この時は、挙手ではなく、ビデオ会議上で、つぶやきとして出していきました。

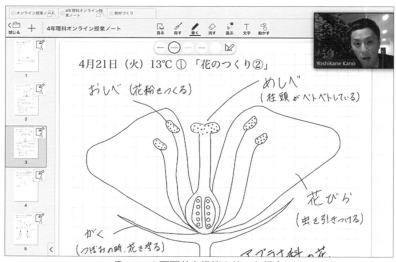

Zoom の画面共有機能を使った板書

今回全員が納得した共通点は以下の２つでした。
- おしべには花粉が入っていること
- めしべの先はベトベトしている

⑤　そうした意見をもとに、花の４要素について整理していきました。Zoom の画面共有機能を使って、子どもたちに問いかけながら板書し、まとめていきました。できあがった子どものノートは、こちらです。オンライン授業は 30 分で実施していますが、意見の交流もノートづくりも割としっかりとできることに気がつきます。

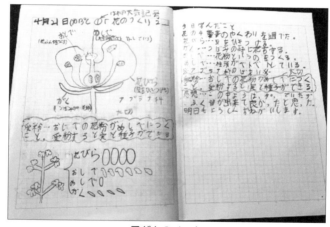

子どものノート

⑥　最後に、追加実験として、いろいろな花の４要素を調べることや、花粉をルーペや顕微鏡などで見ると面白いことを伝え、本日の学びをノートに書き、写真にとって提出して終了しました。

　オンラインでもオフラインでも、双方向の授業を実現するためには、子どもがいかに課題を自分事化するかがポイントです。そのために、理科では、実験をベースに授業をつくるのが有効だと考えています。

（吉金佳能）

実践20　Zoomを活用した双方向の社会の授業

使用するアプリ＆使用する機能

アプリ：Zoom、Microsoft PowerPoint、GoodNotes

機能：チャット、ブレイクアウトルーム、画面共有

●ビデオ会議機能をフル活用し、通常に近い授業を

　児童の学習を保障するために、ビデオ会議を活用して授業をする機会も増えています。

　児童にとっても、教師にとっても、はじめてのことばかりで見通しが持てないことも多いかも知れません。また、児童と直接対面をしないため、ビデオ会議での授業を従来とまったく同じようにすることは難しいかも知れません。しかし、普段学校で行っている授業に少しでも近い形で実施することができれば、児童が見通しや安心感を持って学ぶことができる授業になると思います。

　本実践では、普段の授業で行っていることをビデオ会議の機能を活用し、教師の動きを工夫することで実現することを目指しました（5年社会「世界の中の国土」）。

●こんなふうに実践しました！

実施環境

●教師用PC2台……授業をしながら画面上の児童の様子を把握する

ことは難しいです。そこで、授業の進行や指示を行う T1 と補助や児童の把握を行う T2 の 2 人体制で授業を行いました。

※ T2 がグループ編成やスポットライト機能の操作を行うので、T2 がホストになり会議を開く必要があります。

● iPad……T1 が板書の代わりに活用しました。
（ノートアプリである GoodNotes を活用）

①課題提示

学級全体で「世界の中で日本はどこに位置するのだろうか」という課題について、Microsoft PowerPoint に挿入された世界地図を見ながら確認をしました。

児童にノートをとらせる場面では、Zoom の画面共有（iPhone、iPad）を活用しま

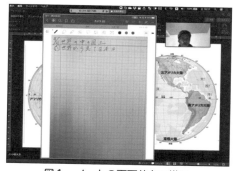

図1 ノートの画面共有の様子

した。5 mm 方眼ノートを背景にした iPad に直接書き込み、共有することで、書いている様子を児童に見せることができます。教室とは違い、児童がノートをとる様子を教師が確認することができないので、できるだけ丁寧な方法で児童がノートをとることができるようにしました。

②個人思考

ノートを共有しながら、世界の大陸と海洋の名前をまとめた後、「日本の位置はどのようにあらわすことができるかな？」と問いかけました。

世界地図を画面共有することで、児童が大陸や海洋との関係から日本の位置を考えることができるようにしました。

③グループでの学び

　個人思考が終わったら、「できるだけ詳しく日本の位置を説明してみよう」という発問でグループでの話し合いに移りました。

　ここで活用した機能がブレイクアウトルームによるセッションです。ブレイクアウトルームとは、会議の参加者を任意の数に割り振り、複数のトークルームを作ることのできる機能です。

図2　グループ編成の画面

　音声や映像は同じトークルームの参加者にしか共有されず、少人数での話し合いが可能になります。今回の授業では40人を4人の10グループに分けました。

　グループはランダムに編成することもできますが、児童の実態を考え、各グループに中心となって話を進めることのできる児童を1人以上配置しました。そのために、T2は授業の開始からグループでの学びまでの時間にグループ編成を行っておく必要があります。

図3　2人体制の授業

　また、グループでの話し合いが活発になるように、教師側は各トークルームへの参加と退出を繰り返しながら、すべてのグループ（T1が1～5、T2が6～10のトークルーム）の様子を見て、声かけを行いました。

④全体共有、まとめ

　グループでの話し合いを終えた後、ブレイクアウトルームでのセッションを終了し、全体での共有を行いました。

　ほとんどのグループが「日本はユーラシア大陸の東、北アメリカ大

陸から見ると西に位置しています」「ユーラシア大陸の東で太平洋の北西に位置しています」と２つ以上の大陸や海洋、８方位を使って表し、個人での考えよりも詳しく説明をすることができました。

　発表の際には、音声だけでなく発表者の顔を見ながら聞くことができるように、スポットライト機能を活用しました。T2が指名された児童の映像をスポットライト機能で拡大することで、児童の画面でも発表者の顔が大きく映り、発表者に容易に注目することができます。

　学習のまとめでは、大陸や海洋の名前、世界の中での日本の位置について全体で確認を行いました。学習の振り返りはノートに書かせ、学習感想はチャット機能を使って共有をしました。

チャットに入力された児童の感想
- 自分は北や東を使っていたけれど、友だちとの意見を聞いて北西などを使うと分かりやすいことが分かりました。
- 大陸を使って考えていたけれど、海の名前を使えばもっと詳しく説明できることが分かりました。

⑤授業後の質問コーナー

　授業後に自由参加の質問コーナーの時間を15分設けました。教師の説明が聞き取りづらかった児童、時間が足りずノートをとることのできなかった児童が参加をし、質問をしながら疑問を解消することができました。

　会議への参加人数が多くなると、児童がどのくらい理解したのかすべて把握するのは難しくなります。児童自身が自分で質問をする時間を設けることで、個に応じた支援につながると思います。

　友だちと話し合う時の児童の顔はとてもいきいきとしています。ビデオ会議での授業でも、そのような姿がたくさん見られる授業ができるはずです。

（小林　翼）

実践21　5年帰国児童を対象としたMicrosoft Teams「会議室」の活用

使用するアプリ＆使用する機能

アプリ：Microsoft Teams

機能：オンライン会議室による通話

●子どもが気軽に相談できるようにしたい

「先生、このノートはどこに出せばいいですか？」

「先生、どうしてもこの問題が解けないので教えてください」

　通常の学校の教室であれば、気軽に子どもから質問されて答えて終わっていたやり取りですが、オンライン授業ではそう簡単にできないのが現実です。

　リアルタイムに学ぶオンライン授業で、マイクのミュート（無音）を解除して質問をするには勇気がいるはずです。リアルタイムでない形で学ぶオンライン学習でも同様に、学年・学級全体の人が見える場で質問を書きこむのも、内容によっては抵抗感があるかもしれません。

　こうした課題を想定して、本実践では「オンライン質問タイム」を設けることで、学習の悩みを気軽に相談できるようにすることを目指しました。具体的には、5年各学級・帰国児童を対象として、Microsoft Teamsの「会議室」という機能を活用しました。(各教科等)

● こんなふうに実践しました！

「会議室」設置の方針　　オンライン質問タイムをするタイミング
は、朝の会が行われた後にしました。これにより、顔を見て話をした
朝の会の流れで、気軽に質問ができると考えたためです。受け付ける
質問内容は、投稿された課題の学習に関する質問はもちろん、学習の
進め方や Microsoft Teams のアプリの使い方などとして、各種相談
等に対応できるようにしました。

　オンライン質問タイムは、事前に話したい人を募集する形式ではあ
りません。各学級担任がビデオ通話に相当する「会議室」をオープン
な形で立ち上げて、決められた時間内に必要な児童がその「会議室」
に入室することで適宜参加するという流れです（下図）。

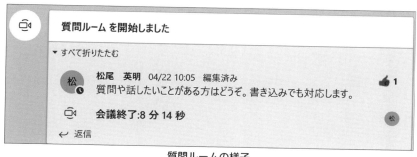

質問ルームの様子

　イメージとしては、大学で取り組まれている「オフィスアワー」に
近いです。本来は、教員が学生の質問や相談を受けられるように、研
究室にいる時間帯を示しているという意味ですが、これがオンライン
で行われているということです。

　そのため、「会議室」を立ち上げても、児童が活用しない日があっ
てもよいという方針でした。活用しないからその会議室は不要だった
ということではなく、こうした相談できる場があるというだけで、児
童は安心するのではないかという考え方です。

「会議室」設置の方法　Microsoft Teams で「会議室」を設置する方法はいくつかありますが、最も簡単なやり方は、パソコン（ブラウザ・アプリいずれも可）の「いますぐ会議」です。下図のように投稿欄のビデオのマークを押します。

新しい会話を開始します。@ を入力して、誰かにメンションしてください。

この表示のビデオマークを押す

すると、右図のような会議を開始する画面に切り替わります。上部の「件名を追加」を押して、オンライン質問タイムなどと、児童が判断しやすい名前を入力します。その後、カメラやマイクなどの設定を行い、「いますぐ会議」を押すだけです。児童が所属しているチームで、会議が始まっていることが表示され、パソコン・タブレット端末・スマートフォン等で入室することができます。

開始前の設定画面

その他にも、「予定表」という機能から、右図のように予め会議の日時を設定し共有することで、「会議室」を設置するなどの方法もあります。

予定表の設定画面

この機能を活用すると、Microsoft Teams に登録をしていない人へも、メールアドレス経由で「会議室」に招待することができます。また、上図のように「会議室」がチームの画面に表示されるので、開始時刻前から「会議室」に入室することもできます。

オンライン質問タイムの実際と振り返り　オンライン授業が始まって間もない時期は、学習の進め方に関する質問をすることを目的

として、子どもたちがオンライン質問タイムを活用することが多く見られました。日が経つに連れて、予定しているオンライン質問タイムの時間帯に、児童が1人も来ないということがしばしばありました。日常の授業で時間割があるのとは異なり、児童がオンラインで自分自身の学び方まで調整して、質問の場の活用を考えるというのは、難しいことであると考えられました。しかし、今回実践した5年生の各学級の担任としては、「いざとなったら相談できる場と時間があるだけでも、児童が安心することができるのではないか」や、「チャットで文字の方が質問しやすい児童もいるので、同時間帯でそうした対応もしている」と実感しています。

　こうした取り組みが、校内の他学年・学級にも広がり、帰国児童4年生を対象に同様のオンライン質問タイムを導入したところ、積極的に活用する姿が見られました。オンライン質問タイムの時間帯に、「算数の課題を提出する前に、先生に答えを見てほしい」というチャットが児童から投稿されたので、「いま通話できるから一緒にやろう」と教師が回答して、ビデオ通話をした例もあります。

　右図は、回答を書いたノートを児童がカメラの前で見せて、教師が確認している様子です。オンライン授業というと、回答も含めてすべてパソコン上で取り組まないといけないという暗黙の前提がありますが、こうした環境も

教師（左）がノートを確認

人それぞれです。この児童は、Microsoft Teams の課題を画面で見ながらノートで回答して、ビデオ会議は家の人のスマートフォンを使って行っています。オンライン授業で学ぶ環境も、子どもたちや家庭の状況に合わせてもらうことによって、このようなオンライン質問タイムのような学び方も工夫していくことができたと考えられます。

（小池翔太・金丸直樹・松尾英明・小畑貴紀）

実践22　6年社会
パフォーマンス課題を解決しよう

使用するアプリ&使用する機能

アプリ：Google Classroom、Zoom、ロイロノート・スクール
機能：画面共有、生徒間通信、提出、シンキングツール、ブレイクアウトルーム、チャット

●知識の習得・活用と協同して学ぶことを大事にしたい

　6学社会（歴史）の「縄文のむらから古墳のくにへ」をテーマにした実践です。普段の授業においても、課題把握、追究、解決のプロセスを大切にしてきました。習得・活用の学びの過程がオンラインの環境でも実現することを目指しました。

　知識を習得しながら長期的に思考・判断し、表現できる「活用」の場を Google Classroom に設定し、知識の確実な「習得」の場をロイロノート・スクールに設定しました。また Zoom によって交流を円滑にし、協同して学ぶことも大切にしました。

　オンラインでは個別の時間が中心となります。個人の考えをしっかり深められるようにアプリの機能を使い分けるようにしました。

●こんなふうに実践しました！

課題把握 （Google Classroom ）
　Google Classroom にてパフォーマンス課題の提示をしました。

あなたは博物館で働いています。今回の展示は、6世紀までの出土品です。しかし、見学に来る小学生は、ただ展示を眺めるだけではわかりにくい様子でした。

　そこであなたは日本の国土が統一されていく様子を解説するパネルを作ろうと思いました。キーワードとして「米作り」を設定し、展示物全体の解説パネルを作成します。時代の流れや、米作りとの関連がよくわかるように作成しましょう。

　写真や図形の挿入がしやすいGoogleスライドを使って1枚で作成します。提出期限を長く設定し、授業が進行していく中で少しずつ個人で作っていくことができるようにしました。また、ルーブリックには、「時代の流れ」「米作りとの関連」「大陸の影響」の3つを示し、作成の指標となるようにしました。

課題追求　(Zoomとロイロノート・スクール)

①「縄文と弥生のむらの様子を知る」

　それぞれの時代について書かれた教科書の情報を、ロイロノート・スクールのシンキングツール【Wシート】に整理します。観点は「衣、建物、人、道具、食」の5つです。課題の提示から提出までは以下の定順です。

❶ Zoom (教員はノートPCでZoomを起動) で全体に画面共有で説明します。画面共有は「Airplay使用」でタブレットPCのロイロノート・スクールを共有し、課題となる資料を拡大しながら追究する視点を確認します (質問があれば「チャット」を使うように促します)。そしてシートの作業説明をして、ロイロノート・スクールで全員に配付します。

❷ 個別の時間を15分、グループ (Zoomのブレイクアウトルームを使い、3人〜4人の設定) の時間を15分程度に設定します。

❸グループ交流の時間では、作成したシートをスクリーンショットして「写真」から共有します。この時、ロイロノート・スクール上では、生徒間通信でグループのメンバーに自分の作ったシートを送り、情報を補填し合うようにします。Zoom で話しながら共有し、シートのデータも共有することになります。

❹グループの時間が終了したら Zoom で全体交流をします。ロイロノート・スクールで提出されたシートを見て、グループを指名します。リーダーにスポットを設定し、メンバーのミュートを解除します。リーダーがシートの画面共有を開始し説明を始めます。同時にグループメンバーが説明を付け加えていきます。

❺交流を受けてそれぞれのシートを改善し、ロイロノート・スクールで提出します。

　ここから 2 つの時代のむらの変化のきっかけとなる「米作り」に焦点を当て追究していきます。

②「米作りの広がりによるくらしの変化を知る」

　弥生時代の 2 つの遺跡（板付遺跡と吉野ヶ里遺跡）の様子の違いから、米作りが与えたくらしへの影響を探ります。ここでは、教科書の情報に加え、より多くの事実がわかる NHK for School の動画も使いました。動画はロイロのウェブカードからクリップに飛べるようにして配付しました。それらの情報を【シート】にまとめて、①と同様の手順で交流し提出するようにしました。

ロイロノート・スクールで協同してまとめた資料

③「古墳は何のために、どのようにつくられたのかを知る」

　この課題でも、古墳がつくられる手順や内部の様子をつかむために NHK for School の動画をロイロノート・スクールのウェブカードで配付しました。教科書の情報と動画の情報から 1 枚の【シート】にまとめ、①と同様の手順で交流し提出するようにしました。

④「国土がどのように統一されていったか知る」

　日本に広がる古墳と、そこから出土した剣の文字から、なぜ同一の名前が書かれたものが見つかるのか調べます。ここでも教科書と NHK for School の動画の情報から【シート】にまとめます。①と同様の手順で交流し提出するようにしました。

課題解決（Google Classroom）

　①～④の習得した知識が「使える」ものかを確かめるためにパフォーマンス課題に取り組みます。ロイロ上に蓄積された 5 枚の【シート】の情報を、課題に沿って整理し、Google スライドで提出します。

　オンラインでは、声や文字で交流する場面、個別で考える場面など、教科の学習過程に応じて設定することが大切です。今回のパフォーマンス課題では、時間をかけて練り上げる作品が多く見られました。

（長野 健吉）

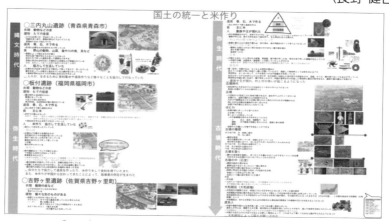

Google スライドで個別に取り組んだパフォーマンス課題

タイプ5　ビデオ会議ツールによる双方向の授業

実践23 Zoomの画面共有でプレゼン発表会

使用するアプリ＆使用する機能

アプリ：Zoom、Keynote、ロイロノート・スクール
機能：画面共有、リンク、シンキングツール

●新型コロナウイルスをテーマに総合学習を

　6年生の3学期の総合的な学習で、地域学習とプログラミング学習の一環として「提案！　防災アプリケーション」という学習を実施し、学年相互や専門家に対するプレゼン発表会を行いました。

　2月28日に突然休校が決まって、小学校の授業は打ち切られました。休校中でしたが、3月9日に臨時登校日が設けられ、その時、6年生は全員が学校のタブレットを持ち帰って何らかの家庭学習を行うことになりました。そこで、ドリル学習とともに、総合的な学習の課題として「コロナウイルス感染防止アプリの提案」を設定しました。ねらいは以下の3つです。

1　これまで総合の課題追究学習を協働的に行い、シンキングツール（ロイロノート・スクール）やKeynoteの活用もあり、思考・判断・表現力や学びに向かう人間性が身についた。それを、個人での課題追究学習でも行って、さらに、学びの力や人間性を深める。

2　日本や世界の直面している「新型コロナウイルス」に対して詳しく調べ、その予防や対策について「アプリ開発」（構想）という視点

から、自分なりに提案する態度と力を培う。

3　Zoom を使うことで、遠隔であってもプレゼンテーションを行い、互いに学び合うことができる。

●こんなふうに実践しました！

休校前の体験　休校前に経験していたのは以下のことです。

● ロイロノート・スクール（シンキングツールを日常活用していた）

● Keynote（総合と国語で 1 単元ずつ使用。リンク機能は 1 回のみ）

● Zoom（3 人グループで 1 台の iPad を活用して一度だけ経験。他校とのミーティングで、相手から示された ID を打ち込んだ。画面共有は、教室内で ICT 支援員がサポートして体験）

臨時登校日の指導（教師の動き）

①　3 月 9 日の月曜日に 2 週間分の学習課題を紙ベースで配付。その中の一つに「コロナウイルス感染防止アプリの提案」を個人で考えることと、4 日後には中間発表をすることを伝えました。

②　ロイロノート・スクールで毎日、学習課題ごとの提出箱を作り、そこに学習したことを出すようにしました。また、「送る」機能を使って、教師や子ども同士のやり取りをすることも約束しました。

アプリ構想図と提案内容の作成（子どもの動き）

①　3 月 10 日（火）に、ロイロノート・スクールのシンキングツールを使って、アプリの構想を立てました。ピラミッドチャートで「根拠―課題―アイデア」という構想図を作成し「だれのために」という相手意識を持ちました。この時からすでに情報収集を行っています。

②　3 月 11 日（水）には、具体的に考えたアプリの形

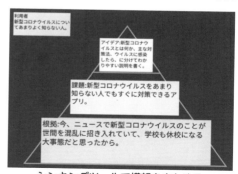

シンキングツールで構想をまとめる

を、ロイロノート・スクールのスライドで大まかに考えて提出しました。スライドを作りながら「Keynote でも作っていいですか？」という質問が多く出始めました。学んだことを自ら活用しようとしています。

③　3月12日（木）は、自分の考えを伝えられるようプレゼンスライド作りを進めました。なるべく Keynote で作りました。ごくわずかですが、ロイロノート・スクールで作成している者もいました。翌日から中間発表会を Zoom で行うことを知りました。

Zoom のやり方の指導と学び

① 　子どもたちは、一度体験したとはいえ、ほとんど自分の力でZoom を扱ったことはありません。そこで、市の教育センターが出していた動画「Zoom のミーティングの仕方」を画面収録してロイロノート・スクールで送り、それを見てやり方を学ぶように指示しました。子どもたちはすぐ理解したようでした。

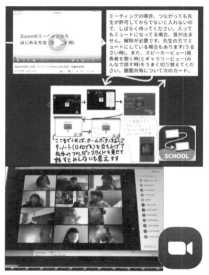

Zoom の説明と実施した画面

　中間発表会前日に、テストをして入り方を確認しました。笑顔で手を振って喜んでいました。休校中に画面を通してはじめてお互いの顔を見られたことがよっぽど嬉しかったようです。

② 　画面共有については、説明用スライドを作り配付しました。これを見ながらやり方を覚え、中間発表では、それぞれが、画面を切り替えて行うようにしたのです。また中間発表会は、学級全員で行うのでなく、2日間で時間を設定し（6回）希望した時間に集まるようにしました。

Zoom の画面共有で中間発表会

① 　1回の中間発表会に集まったのは6人前後です。ミーティングIDもロイロノート・スクールで教え、Zoom自体はスムーズにできました。画面共有に教師も子どもも最初は戸惑いも多かったのですが、回を重ねるごとに互いに慣れてきました。特に体験したグループの中から、サポート役の子どもを2〜3人残しておくことで、うまく進むようになりました。

アプリの画面

② 　考案したアプリは、個人差はあるものの、一人ひとりよく考えたものでした。多くの子どもがKeynoteで作成しており、リンク機能もかなり使っていました。学校の授業での経験は、強みです。そして中間発表ではありながら、ある程度完成しており、子どもたちの意欲の高さを感じました。

●実践を終えて

　数日後には卒業式。その日にはタブレットを学校に返さなければならないというタイトな日程の中で、子どもたちはよく学んだと思います。時間的な都合から本発表は全体では行わず、各家庭で保護者に向けてそれぞれで実施するということでこの学習は終わりました。コロナウイルス感染防止に目を向け、知識を得て思考・表現を深めることができました。

　突然奪われた小学校最後の月の学習時間。しかし、遠隔授業でも十分に力がつく学習ができると実感しました。ただし、このケースでは、全員が同じ機器（iPad）を使えたという好条件で学べたことが、大きかったでしょう。

（西尾　環）

さまざまなアプリができた

タイプ5　ビデオ会議ツールによる双方向の授業

実践24　オンラインディベート

使用するアプリ＆使用する機能

アプリ：Microsoft Teams、Microsoft Forms、Flipgrid、Zoom、vimeo

機能：チャット、ファイル共有、アンケート集計、ビデオ投稿、ビデオ会議、ビデオ配信

●情報活用能力を身につけよう！

　オンラインでコミュニケーションを取ることは、今後間違いなく増えていきます。その場にいない、画面の向こうにいる相手と意見を調整する、或いは戦わせることは、簡単なことではありません。そのために必要な情報活用能力を身につけさせることを狙って、この実践を行いました（6年国語）。

●こんなふうに実践しました！

初日：Microsoft Forms でディベートのテーマを決める。

　みんなでディベートしたいテーマを Microsoft Forms で募ります。この時は「スマホの学校持ち込みは是か非か」に決まりました。

2日目：オンラインあみだくじでチーム分け。

　WEB 上であみだくじを作れるサイトを探し、そこにアクセスしてもらいグループ分けをします。

3日目〜5日目：Microsoft Teams (Zoom) でディベートの準備。

　賛成派、反対派、それぞれのチャットグループを作り、Microsoft Teams 上でアイデア出しを行います。必要に応じて原稿ファイルのアップデートもしていきました。ところがテキストベースのやり取りだとだんだん思考と会話が追いつかなくなっていきます。すると子どもたちから、

　「こっちのチームだけでオンライン会議やりたいんだけど、設定してもらえませんか？」

　というリクエストが来ました。そこで Zoom で会議を設定しました。その時、私はちょうど車で出先にいたのですが、駐車場で会議をスタートさせて、スマホの音声を Bluetooth でカーステレオにつなぎ、運転しながら小学生の議論を聞いていました。これはなかなかに面白かったです。

5日目：「はじめの主張」を Flipgrid に送らせる。

　Microsoft Teams と Zoom で相談できたところで「はじめの主張」を Flipgrid に投稿してもらいます。Flipgrid は動画を投稿してクラス内で共有するものです。ディベートは相手の「はじめの主張」を聞いてどんな質問をするかが肝。だったら、Zoom で（ライブで）行うよりも、Flipgrid の方が「はじめの主張」を何度も聞き直せて、その後の相談もしやすいだろうという読みもありました。

Flipgrid の画面

6日目：質問タイム

　朝から 16 時までの間、相手チームに質問のある人は、質問を Flipgrid で撮影して送り、答えたい場合もムービーによる返信で答えます。

これは"裏"が面白かったです。どちらかのチームが Flipgrid に質問をあげると、もう一方のチームの Microsoft Teams が突然、騒がしくなります。

　「ねえ、こんな質問来たよ、どうする？」

　「それってさっき、誰か Teams に書いていなかったっけ？」

　「書いた。『○○は△△だから関係ないと思います』でいい？」

　「『たとえば□□ということもあります』と具体例も入れようよ」

　ライブで行うディベートだと瞬発力が要求されるわけですが、Flipgrid と Teams を組み合わせて使うと「議論して答えを導き出す」力が要求されます。これはこれで、かなり高度な情報活用能力といえるのではないでしょうか。

6日目：Zoom でディベート

　日中、Flipgrid ディベートを行った後、16 時から Zoom でディベートをライブで行いました。質問タイムを 10 分ずつ取った後に作戦タ

Zoom でディベート

イム（Teams のチャット）を 15 分。最後に Zoom に戻って「おわりの主張」を述べて終了。

　見ていた子が後で指摘してくれたのですが、名前を入力する時に「賛成派鈴木」のようにするなどして、「この子はどちらのチームか」が明らかになるような工夫をすればよかったですね。教室だときれいに 2 チームに分かれて座れますが、Zoom だとそうはいきませんから。

　ディベートを録画したものを vimeo にアップロードしこの日は終了。

7日目：採点デー＆結果発表

　ディベートに参加していなかった子どもたちが、Flipgrid にアップされたものや生ディベートのムービーを vimeo で見直して、Microsoft Forms で投票します。オンラインだとアーカイブを見直

して議論を確かめることができます。これも大切な情報活用能力です。夕方に、私からのコメントをつけて Microsoft Teams 上で結果を発表してすべて完了です。

　ディベート終了後、子どもたちからはこんな感想が寄せられました。
　「一つのところに集まることができなくても、これだけビデオを使って話し合いができるんだなと思った」
　「Flipgrid でやるときの利点（相手チームに話が聞かれない、とか）をうまく使えていたと思った」
　「ディベート中に話し合いたいときにわざわざチャットで言わなければいけないのは、正直、面倒くさいと思いました。でも会えない時は、この方法でディベートするのも、いい方法だなぁ〜と思いました」
　「やっぱり学校でやるよりかはやりにくい。でも、なんかすごい先進的な感じする。いまの在宅勤務の会社とか、こうやってるのかな…」
　コロナウイルスの影響によって、私たちの社会は大きな変革を余儀なくされました。学校も同様です。教師には、これまでとは違った授業デザイン力が求められますし、大きな問いを突きつけられてもいます。即ち、時間や場所の制約がない中で子どもたちの学びをどう活性させていくか？　使えるものを全部使ったオンラインディベートは、現段階におけるこの問いに対する私からの一つの回答です。
　この実践の後、本校では Microsoft Teams の活用を全校で始めました。始業式の時に一律の「Microsoft Teams へのサインイン方法」のプリントを配付しました。アカウントは「学年＋クラス＋出席番号」の数字４桁、初期パスワードは全員同じで初回ログイン時に必ず変更しなければならないように設定することで、各自の ID やパスワードを個別に通知することなくアカウント情報を知らせることができました。オンライン教育の挑戦はまだまだ続きます。

（鈴木秀樹）

巻末座談会

オンライン授業の 環境をつくっていくには
（2020年4月25日収録）

堀田龍也・樋口万太郎・鈴谷大輔

◆この4月に広がり始めたオンライン授業

堀田　この本では多くの具体的なオンライン授業の実践を紹介してきたわけですが、この巻末座談会では、現実として、どうやってオンライン授業を始めていく環境をつくっていけばいいのか、その点を紹介していけたらと思います。

　この4月、とくに第4週に入ってからはいろいろなところがオンライン授業に取り組んでいます。3月から始めていたのは平素からICT使用に取り組んでいた学校や地域で、それが4月の第3週第4

週にかけては、そうではなかった学校も含め、実践が広がり始めています。つまりやったことがない人がはじめてやっている。

　そもそもオンライン授業ってどうやればいいの？　何ができるの？できないの？　ということに多くの人が気づいたと思います。

　普段の授業をそのままオンラインでするのは、教師にとっても子どもたちにとっても難しいと多くの人が気づきはじめたというのが、いまの状況かと思います。

　だからこそこの本なんだと思うんです。**どうすれば一番サステナビリティが高い形でどの先生も、どの子どもたちも楽しくできるのか。**本書はそのノウハウをまとめたものだと思います。

　今日のこの対談は、樋口万太郎先生（京都教育大学附属桃山小学校）の学校のように、実際にどんどんやれている学校の様子と、一方で鈴谷大輔先生（埼玉県公立小学校）の学校のように、環境が十分には整わない中でも、いままさに始めようとしているところが、具体的にどんな苦労の中で取り組んでいるか、教えてもらえたらと思います。

◆まずはアンケートから始めた

　樋口　僕の学校の附属桃山小学校は、児童約 430 人、職員が約 30 人（うち担任 12 人）、の学校です。4 ～ 6 年生は 1 人 1 台タブレット、1 ～ 3 年生は共有タブレットを使って、日々学習を進めていました。

3 月に急に休校となったときは、4 月になれば新年度が始まって、日常が戻ってくるんだろうと楽観していました。

　しかし、4 月最初の職員会議をしたとき、これは自粛延長になるだろうという話になり、入学式は 7 日に行うけれども、始業式は当初の予定とは変わり、ずらして分散登校することになりました。

　正直言えばここから本格的に今後 4 月以降の学習をどう進めてい

こうかと考え始めました。

　4月2日に管理職から、この本で一緒に書いている長野、若松、山口と一緒に、オンライン学習のプロジェクトを考えてくれという非公式のオファーがあり、4人で考えをまとめて4月3日には職員会議で提案をしました。先生方も危機感があり、提案は結構スムーズにいきました。健康観察など全体でやれることや、低中高の学年別の大枠の提案をして、具体的なところは各学年で考えてもらうことにしました。

　そして、4月3日（金）に「臨時休校中の家庭学習における情報端末機器利用に向けての家庭環境調査」としてアンケートの1回目を行いました。

1　子どもが使用できる情報端末機器があるか

2　家庭に端末を Wi-Fi 接続できる環境があるか

3　子どもが機器を使用する際、保護者が側にいることが可能か

4　家庭でロイロノート・スクールを使用することができるか

5　学校で使用している iPad のレンタルを希望するか

を聞きました（本校は1年生からロイロノート・スクールを使っており、議論の末、ロイロノート・スクールを使うことになりこの質問項目になっています）。

　週明け月曜日の4月6日には、保護者からアンケートが返ってきて、各学年からこんなことができるという案を出してもらいました。やはり子どもたちが自由に使えるある程度の環境が必要だと見えてきましたので、急遽、6日に高学年だけ2回目のアンケートを配付しました（中学年は翌週行いました）。

　2回目のときには、アンケートだけではなくて、時間割やロイロノート・スクールを使うオンライン学習の進め方など、少しでも保護者の方々にオンライン学習のイメージを持ってもらえる情報提供とともに、学校で使用している iPad の持ち帰りを希望するか、子どもと

相談した上でお答えくださいと聞きました。

　翌日７日は入学式が午前中あり、アンケートが返ってきてこない家庭には、電話を入れたりして、登校してきた子どもたちには、こんなふうに進めていくよと説明し、８日からは試行錯誤しながらのオンライン授業がスタートしたという感じです。

　機器を使うことに対して不安を持つ職員はいましたが、全学年で取り組む健康観察は操作が苦手な人でも苦労しないような方法を取り、先生方に慣れていってもらうことも意識しながら進めました。

　そして、いまは最初の４人だけでなく、各学年の担当者も含んだ８人のプロジェクトチームで全体の課題解決などを行っています。

　堀田　　４月３日の段階でもう調査を送っていますね。**これ押さえどころだと思うんだけど、日ごろから家庭と連絡がつくしくみやツールがあれば、緊急時も連絡がつくんだよね。**

　僕の一つの結論は、「日ごろからやっておきましょう」っていうことです。日ごろからやっていたところは、いつもの延長だから強い。

　それから、公式になる前に非公式でちょっと考えろっていって、その提案がよかったら公式にするということ。僕、それがね、学校経営ですごく大事なところで、うまくいっている学校は大体そうやっているんですよ。

　オンライン授業が始まってからはどうですか？

◆いちばん喜ばれたのは時間割

　樋口　　おうちの方からは時間割があることを一番喜ばれました。子どもも時間割があることで、「家で私がドリルをしているときに、仲のよい誰々ちゃんもやっている」みたいな、そういうつながりを感じると振り返りを書く子もいました。オンライン授業をしていく中で

子どもたち同士がつながる喜びを感じているなと思いますし、こっちもやっぱり嬉しいですね。子どもたちの反応が文字でも返ってくるってことがやっぱり嬉しいなと思っています。

（堀田）　新1年生はオンラインの操作など戸惑いはないですか？

（樋口）　1年生には説明書を作って送っているんですけれども、それがわからなかった家庭は、学校の方に連絡を入れてもらっています。数日経って1年の先生方は全家庭に電話をして、使えているかを確認しています。

　（後日談ですが、4月27日よりZoomを授業に取り入れました。私は開始する10分前からZoomに入り、誰か早くに入ってこないかなとソワソワした気持ちで待っていました。時間になり子どもたちが続々と入ってきました。どの子も入ってくるときには照れ臭そうな顔をしており、入ったあとはみんな自由にお話をしたりしました。我慢・辛抱の毎日でストレスが溜まっている子どもたち。そんなストレスが少しは解消されたように見えました。そして、そのような子どもたちの表情や声を聞いて、何とも言えない気持ちになり、私は涙が出てきそうになりました。私の心も子どもたちの表情や声で救われました）

◆公立の学校で、Zoomの朝の会を始めるまで

（鈴谷）　では、僕の方から公立での取り組みについて少し話をさせてもらいますね。うちは児童数約600人、職員数約30人の公立学校です。

　校長先生がすごく理解のある方で「Zoomで朝の会ができるんじゃないの？」と校長先生から私に振ってきて、もうそれに全力で乗りました。ただ、はじめは朝の会をやるっていうのは本決まりではなくて、

とりあえずやる技術は持っておいて、必要になったらやろうという感じでした。

Zoom については、4月7日にまず職員間での体験会をしました。「すみません。職員室で体験会やるので、自分のスマホに Zoom のアプリ入れてください」と前日にお願いしておいて、当日、ミーティング ID とパスワードを伝えて、体験会をしました。

ホストの画面をでっかくプロジェクターに映して見せたところ、先生方の顔がこう、バーッとギャラリービューで出る感じになって、職員からは「これ面白いね」という反応がありました。

4月8日に始業式と入学式を予定していましたが、7日の午後5時の退勤時刻後に職員室に急に呼び集められて、市の方で緊急事態宣言が先に出たという話と、それに伴って始業式も入学式も延期になったと伝えられました。

全員が「明日子どもに会えると思っていたのに…」と絶望に陥りました。新しく来た先生もいるし、まだ子どもにすら会ってないのに、1カ月もコミュニケーションができないなんてと。でも、Zoom で朝の会はできるよねという話になり、じゃあちょっとやってみようよという流れになりました。

本市は e ライブラリというラインズのオンライン教材を使っていて、それに子どもへのメッセージという機能があり、そのメッセージで Zoom の URL を送ることにしました。

そこで、e ライブラリを開いてメッセージの URL に飛んでほしいこと、Zoom アプリを入れてほしいということに絞ってプリントを作り、9、10、13 日の3日間で教科書と一緒にプリントを渡しました。端末については4月13日に調査しました。13 日に調査した内容は、ご家庭に Wi-Fi 環境があるかないか、端末があるかないか、今後使うときに調達できるかできないかの3つです。

朝の会は 14 日からスタートしました。

◆Zoomで朝の会を、試行としてやってみる

鈴谷　学年で端末が兄弟で被ってしまうと朝の会が難しいので、時間をずらしました。学校の回線も 10 メガしかなく、Zoom をやると多分 3 クラスが限界です。そのため並行でやるのは 3 クラスまでとして、学年で時間を割り振ってやることにしました。

30 分ずつ枠を取ると、9 時からスタートで 12 時までかかるんですよね。6 学年やると朝の会ではなく昼の会になったりします。

操作が苦手な先生にとってはいきなり Zoom でオンラインというハードルは高すぎると思い、まず学年でやってみて、その後、クラスでの開催にシフトしました。

そして、環境が整わずできない子が不利にならないよう、朝の会の「試行」としました。出ても出なくてもいいけれども出るとお得だねという位置づけからスタートにしました。

このように環境は整わなくても、試行としてスタートさせもらえる、それを校長先生がリードしているということが一番ありがたいです。全部整っていないと駄目と言われたら、止まりますから。

朝の会の流れは、あいさつ、グループトーク、アニメのキャラクタークイズ、漢字の確認などで、最後じゃんけんで終わります。あいさつして、グループでブレイクアウトルームの機能を使って話をして、代表にちょっと発表してもらって、クイズと、軽く勉強につながることをして終わりです。早くて 20 分くらい。盛り上がると 30 分ぐらいです。

●端末とWi－Fi環境をどうしていくか？

鈴谷　緊急事態宣言下でもあり、保護者の方が家にいて、Zoom 朝の会のお手伝いしてくれることがすごく多いです。端末も、お母

さんやお父さんの iPhone 使っているという子が何人もいました。Wi-Fi 環境があっても端末がないという家庭に学校のタブレットを貸しますと電話したところ、40 人のうち、本当にタブレットを貸した人は 14 人でした。

　端末問題がクリアされると、次は Wi-Fi の問題になってきます。

　うちの学校で調査をしたら、やはり 6% ぐらいの家に Wi-Fi がない。この子たちにどう通信環境を整えるかが次の課題で、これができれば、もうワンステップ次に進めます。連絡手段だけでなく、学習のツールとしても使えるようになるだろうと思います。

　ここから先、たとえば GoogleClassroom やロイロノート・スクールを使おうとか、いろいろあると思うんですけど、iPhone ではちょっと参加できない。それをどうしていくか。やはり公立学校という性格上、最終的に全員にできる環境を届ける必要が出てきます。

　現時点では、朝の会をやっても、会っていない子がいるんですね。時々出てこないというのはまだいいのですが、1 回も出てこない子がいるので、その子にどうやってリーチしていくかがいまの課題です、そこを解決する手段がお金しかないので悩みます。

　市としては、たとえば GIGA スクール構想による補正予算も通してくださっていますし、整備は非常に頑張ってくださっています。ただ、やっぱりもうちょっと早かったら…と思ってしまうところはあります。

　ほしいときにないというのはやはり大変です。平素から取り組んでないと、こういったときに困るということがわかりました。

● 子どもたちの方が使いこなしている

鈴谷　**面白いことに Zoom の朝の会は、子どもの方が使いこなしている状態です。**チャットで「おはよう」とか、こっちがミュート

にしても勝手に解除するとか、子どもの方が上手で、先生がむしろ苦労している状態です。

　たとえば先生たちの中に、全員ミュートにするっていうコマンドを知らずに、子どもたちがわちゃわちゃとしゃべっている中で、普段の授業と同じに、でかい声を出せば通じると思ってしまって、でかい声出しているけれども、何言っているかわかんないみたいな感じになっている状態があったりします。

　遅くても進みだせば少しずつ経験値はたまることもわかってきました。やらないと駄目ですね。試行でもいいからどんどんやっていく流れにしないと始まらないかなと思います。

　いま市の教育長も教育委員会の人も外部も視察にいらっしゃっているので、先行事例をつくっていけば、前例至上主義なゆえに一気に進んでいきそうです。ただ、お金の問題だけどうにかしたい。以上です。

堀田　いや、よくやっていると思います。「試行」というのがすごくよい言い回しだと思う。

　公立の環境についていうと、4 月 10 日、21 日、23 日と文部科学省から ICT の活用に関する通知が出ています。緊急事態だから、平常時のやりかたに捉われず、端末貸し出しもどんどんやれと書いてある。

　GIGA スクール構想の 12 月の補正予算 2318 億円の後に決まった 2292 億円は、ルーターの予算も入っています。今回は間に合わないと思うけど、市町村が手を上げればその予算をもらえるしくみにはなっています。ぜひこういうものが活用されるといいと思います。

◆未曾有の事態に対応していくために

堀田　ところで、1 回も出てこない子がいるのが気になりました

が、樋口先生の学校にはいませんでしたか。

樋口　機器的には全員そろえた状態ですが、参加しない子はいます。2、3日続くと、保護者に連絡をして、どうしたか聞いています。中には音楽が苦手で、音楽の時間は違う教科のところにいて作業をしていた子もいて、僕がそれを発見して家に電話して、「いま何でこんなことしているの」と言って「ばれましたか」と（笑）。

　朝の健康観察だけは必ずしてほしいと伝えています。あと参加できなかった場合は授業の手順を、その子たちにも送るようにしています。

鈴谷　うちは参加しない子には正直何もできてないです。逆に不登校の子が朝の会に参加できて喜んでいるというような逆のパターンもあります。お母さんが「本当朝の会楽しそうにやっているんでよかったです」と泣きながら電話をくださったこともあります。不登校の子が参加できる環境も作れるというところがステキだなと思いました。

　子どもたちは楽しそうにしているので、オンラインに出てこない子がいるのは、多分コンテンツが悪いわけではなく、機器の問題かと。いまは試行段階でもあるので、とくに電話したりはしてないです。

堀田　これは学校にとって、ちょっとした危機かもしれないですね。いままで通りではない時代を迎えたときに、子どもたちの授業に参加しない権利をどう考えるのかは、本当は大きな課題かもしれませんね。

　いま問われているのは、僕らはどれだけ子どもたちが毎日学校に来ることが当たり前だと思っていたか。それ以外考えたことがなかったかってことなんです。

　これから前例がないことがいろいろ起こる世の中になります。そういう世の中で力強く生きていく子をどうやって育てるかという話が、今回の学習指導要領なわけで、いま前例がないから駄目だって言って

いる大人が駄目なんですよ。

　これから起こることは大抵前例がないんです。前例がないことにどうやって立ち向かうかがこれからの時代の能力で、そのことがいま問われている。

　学校に子どもが来て、決まった席に座っているということによって成立していたいろいろなことが使えなくなったときの、オンラインでの授業技術や学級経営や、子どもの見取りやラポール形成など、そういうことがこれから研修されないといけないし、先生たちが経験しないといけない。

　そういうチャンスをいま、このオンライン授業で僕らは得ているというふうに前向きに考えられるといいんじゃないかと。

　そして、前向きになるリソースとして多くの先生方に本書を活用してもらえるといいと思いますね。

編著者紹介

樋口 万太郎 (ひぐち まんたろう)

1983年大阪府生まれ。大阪府公立小学校、大阪教育大学附属池田小学校を経て、京都教育大学附属桃山小学校に勤務、現在に至る。全国算数授業研究会 幹事、関西算数授業研究会 会長などに所属。学校図書教科書「小学校算数」編集委員。主な著書に『子どもの問いからはじまる授業！』（学陽書房）ほか多数（まえがき、2章P24〜29、2章実践3、18、巻末座談会を担当）。

堀田 龍也 (ほりた たつや)

1964年熊本県生まれ。1986年東京学芸大学教育学部初等教育教員養成課程数学選修卒業。1995年電気通信大学大学院電気通信学研究科情報工学専攻博士前期課程修了 2009年東京工業大学大学院社会理工学研究科人間行動システム専攻博士後期課程修了、博士（工学）（東京工業大学）。現在は東北大学大学院情報科学研究科人間社会情報科学専攻・教授、文部科学省中央教育審議会委員。主な著書に『PC1人1台時代の 間違えない学校ICT』（小学館）ほか多数（まえがき、第1章、巻末座談会を担当）。

執筆者紹介（50音順）

小池 翔太 (こいけ しょうた)

千葉大学教育学部附属小学校 教諭、ICT活用教育 兼 校務ICT化実行委員会 主任。千葉大学大学院人文社会科学研究科 博士後期課程 在学中。修士（教育学）。立命館小学校を経て、現職。分担執筆に『企業とつくる「魔法」の授業』（教育同人社）など（第2章実践7、13、21を担当。なお、執筆に際し同校の古重奈央・金丸直樹・松尾英明・小畑貴紀の協力をいただきました）。

小林 翼 (こばやし つばさ)

熊本県公立小学校教諭。情報教育担当及び学校CIO補佐官として校内の教育の情報化に携わり、情報教育や遠隔教育など校内の教育実践を中心的に進め、県内外に実践を紹介。大学や企業と連携した実践研究にも取り組み、日本教育工学協会（JAET）等にて発表している（第2章実践5、20を担当）。

四家 崇史 (しけ たかし)

千葉大学教育学部附属小学校教諭。平成28年度に赴任し、総合的な学習の時間や外国語教育に携わっている（第2章実践6を担当。なお執筆に際し同校の宮本美弥子・篠塚真希・新谷祐貴・小池翔太の協力をいただきました）。

鈴木 秀樹 (すずき ひでき)

東京学芸大学附属小金井小学校教諭。慶應義塾大学大学院修士課程修了後、私立小教諭等を経て2016年より現職。2019年からは東京学芸大学非常勤講師を兼務。学校外ではマイクロソフト認定教育イノベーターとして活動（第2章実践24を担当）。

鈴谷 大輔 (すずや だいすけ)

小学校教諭。みんなのコードプログラミング教育養成塾修了。プログラミング教育関連のイベント運営に複数携わる。放送大学「Scratchプログラミング指導法」ゲスト出演、プログラミング教育を推進する教員主体のグループ「Type_T」代表（第2章実践1、巻末座談会を担当）。

長野 健吉 (ながの けんきち)

京都教育大学附属桃山小学校教諭。ICT活用教育推進・創造性教育部門主任。ロイロノート・スクール認定教育Inovetor。京都市立学校で8年間の勤務を経て2016年より現職。連載『実践国語研究』（明治図書、2020）など（第2章実践22を担当）。

西尾 環 (にしお たまき)

熊本市公立小学校教諭。学校現場一筋。ADE2011、ロイロノート・スクール認定ティーチャー、シンキングツールアドバイザー。著書「ゼロから学べる小学校図画工作の授業づくり」(明治図書)、「僕の心を分かって」(iBooks) など。Blog「子どものアート彩美館」。(第2章実践2、8、23を担当)

山口 翼 (やまぐち つばさ)

京都教育大学大学院連合教職実践研究科生徒指導力高度化コース修了後、京都市立学校に3年間勤務。現在、京都教育附属桃山小学校教諭。情報教育とともに、「楽しい体育」をメインテーマに、保健体育科を中心とした、教材開発、授業づくりに取り組んでいる（第2章実践9、16を担当）。

吉金 佳能 (よしかね かのう)

宝仙学園小学校教諭。ICT教育研究部主任として、同校のICT導入・活用推進を牽引。教育×ICTをテーマとした私立小学校のコミュニティ「192Cafe（いちきゅうにカフェ）」を立ち上げるなど、同校のみにとどまらず、教育現場全体のICT活用普及においても尽力。東京私立初等学校協会理科研究部主任（第2章実践10、11、14、15、19を担当。なお、執筆に際し同校の蒔田紀彦・百瀬剛の協力をいただきました）。

若松 俊介 (わかまつ しゅんすけ)

京都教育大学附属桃山小学校教諭。国語教師竹の会事務局、授業力＆学級づくり研究会員。共著に「対話を生み出す授業ファシリテート入門」（ジダイ社）、「『深い学び』を支える学級はコーチングでつくる」（ミネルヴァ書房）などがある（第2章実践4、12、17を担当）。

〇参考資料

文部科学省「新型コロナウイルス感染症対策のための臨時休業等に伴い学校に登校できない児童生徒の学習指導について」（通知）2020 年 4 月 10 日

https://www.mext.go.jp/content/20200410-mxt_kouhou01-000004520_1.pdf

文部科学省「新型コロナウイルス感染症対策のために小学校、中学校、高等学校等において臨時休業を行う場合の学習の保障等について」（通知）2020 年 4 月 21 日

https://www.mext.go.jp/content/20200421-mxt_kouhou01-000004520_6.pdf

文部科学省「新型コロナウイルスによる緊急事態宣言を受けた家庭での学習や校務継続のための ICT の積極的活用について」（事務連絡）2020 年 4 月 23 日

https://www.mext.go.jp/content/20200427-mxt_kouhou01-000004520_1.pdf

文部科学省「新型コロナウイルス感染症の影響を踏まえた学校教育活動等の実施における「学びの保障」の方向性等について」（通知）2020 年 5 月 15 日

https://www.mext.go.jp/content/20200515-mxt_kouhou01-000004520_5.pdf

やってみよう！
小学校はじめてのオンライン授業

2020 年 6 月 12 日　初版発行

編　著―――――― 樋口万太郎・堀田龍也

発行者―――――― 佐久間重嘉

発行所―――――― 学 陽 書 房
　　　　　　　　　〒 102-0072　東京都千代田区飯田橋 1-9-3
編集部―――――― TEL 03-3261-1112
営業部―――――― TEL 03-3261-1111 ／ FAX 03-5211-3300
　　　　　　　　　振替口座　00170-4-84240
　　　　　　　　　http://www.gakuyo.co.jp/

ブックデザイン／スタジオダンク　　カバーイラスト／すぎやまえみこ
本文 DTP 制作／越海辰夫
印刷・製本／三省堂印刷

図解と動画で超速仕事術がわかる！

図解でわかる！ 実践編

さる先生の「全部やろうはバカやろう」

テレビでも大反響！
図解と動画で超速の仕事術がまるわかり

QRコードで動画に飛べる！　学陽書房

Yoshiaki Sakamoto
坂本良晶

A5判・128ページ　定価＝本体1700円＋税

さる先生の仕事術が図解でわかる！　動画で見られる！
膨大な仕事の中で、いったい教師は何に
力を集中すべきなのかが一目でわかる！
仕事の生産性を上げ、子どもに向き合う時間を生み出せる
驚嘆のワザがこの1冊ですべてわかる！

子どもに任せると学びが変わる！

計画　テスト　分析　練習

「けテぶれ」宿題革命！

子どもが自立した学習者に変わる！

葛原　祥太

子どもに任せる。学びが変わる！

「先生、勉強がおもしろくなった！」

学陽書房

A5判・148ページ　定価＝本体1800円＋税

子どもが自分でどんどん学び出す！
子ども自身が家庭学習で自分の学びのPDCAを回し、
学び方を学んでいく「けテぶれ学習法」！
成果が上がり「学年で取り組み始めた！」という学校も多数！
あなたのクラスも始めてみませんか？